一本书读懂
校外托管机构运营与管理

吴金蕊/主编

中华工商联合出版社

图书在版编目（CIP）数据

一本书读懂校外托管机构运营与管理 / 吴金蕊主编. -- 北京：中华工商联合出版社，2020.2

ISBN 978-7-5158-2681-3

Ⅰ.①一… Ⅱ.①吴… Ⅲ.①校外教育－教育组织机构－运营管理 Ⅳ.①G77

中国版本图书馆 CIP 数据核字（2019）第 001152 号

一本书读懂校外托管机构运营与管理

主　　编：	吴金蕊
出 品 人：	李　梁
图书策划：	于建廷　臧赞杰
责任编辑：	效慧辉　王　欢
装帧设计：	周　源
责任审读：	傅德华
责任印制：	迈致红
出版发行：	中华工商联合出版社有限责任公司
印　　刷：	北京毅峰迅捷印刷有限公司
版　　次：	2020 年 9 月第 1 版
印　　次：	2025 年 8 月第12次印刷
开　　本：	710mm×1000 mm　1/16
字　　数：	220 千字
印　　张：	13.25
书　　号：	ISBN 978-7-5158-2681-3
定　　价：	39.90 元

服务热线：010-58301130-0（前台）

销售热线：010-58301132（发行部）
　　　　　010-58302977（网络部）
　　　　　010-58302837（馆配部）
　　　　　010-58302813（团购部）

地址邮编：北京市西城区西环广场 A 座
　　　　　19-20 层，100044

Http: // www.chgslcbs.cn

投稿热线：010-58302907（总编室）
投稿邮箱：1621239583@qq.com

工商联版图书

版权所有　盗版必究

凡本社图书出现印装质量问题，请与印务部联系。

联系电话：010-58302915

前言

托管班从行业划分来看，属于服务业的范畴，而服务业是现代产业体系的重要组成部分，在国民经济和社会发展中发挥着日益重要的作用。

据统计，全世界发达国家的服务业在国民经济中普遍占据着 70% 以上的比重，而 2019 年上半年，我国服务业已经达到同期 GDP 总量的 54.5%。近些年来，我国的服务业得到了长足发展，比重不断上升。然而，尽管服务业已成为最大产业，但是与发达国家相比，我国的服务业规模总体上还比较小，仍有非常大的发展空间。

近些年来，我国服务业的发展势头迅猛。2019 年上半年，第三产业（服务业）增加值约为 247742.6 亿元，同比增长 7%，对 GDP 贡献率近 60%。

从就业层面来讲，服务业是将来劳动就业的主力军，可以为大量新增劳动就业和农业、工业转移劳动力提供大量工作岗位。现在中央提出"六稳"举措，其中第一位就是"稳就业"，通过发展服务业创造更多劳动岗位，已经成为各方面的共识，这也成为助推服务业发展的一个有利条件。

具体到托管班产业，这并不是一个新兴的产业，但在最近十年来，托管班产业在全国各地发展迅猛。托管班市场从最初的混沌一片，到今天的日渐明晰，逐渐走向了规范化运营的道路。因此，现在进入托管班行业，可以说是一个比较好的时机。

很多托管班开办者在实际的经营过程中，积累了一些经验，也总结出了一些教训，可以说为后来人趟出了一条比较平坦的路子。只要我们能够在开设托管班的时候，用心学习这些有益的经验和教训，就能绕开一些障碍，少走一些弯路，增加一些成功的保障。所以，我们编撰这本指导托管班运营的书籍，目的就是为了给托管班的开办者们，提供一个理论上的指导。

概括来说，本书有三个主要特点：

第一，全面性。本书的内容几乎囊括了托管班运营的所有环节，从准备开设到招生方法、从学生管理到家长沟通，从餐饮到午休……这些托管班经营过程中的常见问题，你都能在本书中找到答案。

第二，实用性。本书从内容上讲，非常"接地气"，讲述了很多托管班运营过程中会遇到的细节性问题，并给出了解决方案。这些细节性的问题，看起来是小事，但其实都是一些有关家长满意度、服务专业性的具体问题，每一个托管班的开办者都应该引起重视。

第三，专业性。本书收集了大量关于托管班管理的权威论述和相关政策法规，以及值得借鉴参考的托管班招生简章范本、食谱范本等相关材料，因此能够为开办者提供专业的参考。

最后，希望本书可以帮助各位托管班的开办者理顺思路、找对门路，最终走上快速发展的康庄大道。

目录

第一章
前期准备｜开设托管班前必须掌握的四个要素

- 第一要素：行业性质的基本认识　003
- 第二要素：市场前景的充分调研　007
- 第三要素：预算的充分认识　011
- 第四要素：托管班所需的可选预算分析　015
- 附录：《深圳市校外托管机构管理办法》　019

第二章
手续办理｜从正规走向正轨的要件

- 托管班的注册须知　029
- 如何快速办理相关证件　034
- 托管班要有四面墙　037
- 托管班应有的八个区域　040
- 托管班如何制定收费标准　044
- 附录：学生托管中心创业计划书（范本）　047

第三章
日常管理 | 托管班的人员配置与管理

托管班的岗位设置及职责	055
怎么才能招聘到合适的人	058
如何让新员工快速进入工作状态	061
签订劳动合同的注意事项	064
劳动合同和劳务合同的区别	068
托管班的绩效管理	070
托管班的清洁分工	074

第四章
学生管理 | 托班问题的重中之重

招生工作是管理的前奏	079
以"托管协议"作为管理依据	083
监督学生写作业要讲究技巧	087
如何带领孩子安全做游戏	091
托管班的提升与创新	093
附录：托管班招生简章（范本）	096

第五章
饮食问题 | 合理膳食是托管班的核心优势

学龄儿童的营养需求	101
食品安全永远是第一位的	106
托管班食谱该怎样制定	112
掌握科学的烹饪技巧	116
让孩子更"爱吃"的小技巧	119

考试期间的饮食规划 121

食物过敏怎么办 123

附录：托管班午餐食谱（范例） 126

第六章

安全防范 | 时刻都要绷紧的"弦"

安全防范，教育先行 131

装修阶段的安全隐患 134

开学期，安全检查不松懈 136

日常安全隐患的排除 139

托管班的疾病防控 141

安全意外的处理 145

发生火情的基本处理流程 150

睡眠室安全管理 153

附录：学生安全责任书（范本） 156

附录：托管机构安全事故紧急预案 158

第七章

沟通互动 | 如何与家长打好交道

不同的家长类型 165

与家长沟通的基本方法 169

如何召开家长会 173

孩子打架了，要和家长这样说 175

家长的难题我们怎么解 177

第八章
心理关护 | 关爱孩子幼小的心灵

认识儿童的心理需求	183
工作人员与孩子的相处之道	186
孩子情绪失控怎么办	189
不同年龄段学生的心理特点	193
托管班要避免的五件事	197
玩耍是必不可少的	200

第一章

前期准备|
开设托管班前
必须掌握的四个要素

托管班生意虽然不大，但也不是支个摊子就能干的。我们需要对这个行业有总体的认识，对未来可能存在的风险有充分的了解，对自己的能力有客观的评价。只有做好先期的调研和自检工作，才能从起步阶段就走在市场需求的最前面。

第一要素：行业性质的基本认识

托管班属于服务行业。服务业在中国是一个方兴未艾，有很长的路要走，有很大的潜力可挖的行业。

2019年，经中央全面深化改革委员会第十次会议审议同意，国家发展改革委等15个部门联合印发了《关于推动先进制造业和现代服务业深度融合发展的实施意见》。

意见指出，到2025年，形成一批创新活跃、效益显著、质量卓越、带动效应突出的深度融合发展企业、平台和示范区，企业生产性服务投入逐步提高，产业生态不断完善，两业融合成为推动制造业高质量发展的重要支撑。

由此可见，从2019年到2025年，将是服务业大发展的一个时间段。抓住这个时间段，站在潮头浪口，可能会迎来一个非常好的前景。

意见还提出，要发挥产业链龙头企业、行业骨干企业、专精特新中小微企业、平台型企业和机构等重要作用，释放各类主体融合发展潜力。托管班可以视作意见中所提到的"专精特新中小微企业"，把托管班这个小事业做专、做精，小事业也有机会变成大产业。

总而言之，从政策层面来说，现在进入了一个开办托管班的利好阶段，创业大环境是比较理想的。

如果从社会需求角度出发的话，我们应该意识到，托管班现在进入了一个有巨大需求的时代。原因如下：二十世纪八十年代到九十年代出生的这批人，他们的儿女近年来逐渐进入学龄期。这批人有三个特点：

第一，人数众多。人们把二十世纪八十年代到九十年代这十年叫作"婴儿潮"，这十年间，诞生了人数众多的新生儿，据统计，1985年新生儿2196万，1986年新生儿2374万，1987年新生儿2508万，1988年新生儿2445万，1989年新生儿2396万，1990年新生儿2374万。这是个什么概念呢？全国有近十分之一的人口，是这六年出生的。而那个年代出生的那批人，他们的孩子正陆续进入学龄阶段。由于人口基数大，所以现在学龄期儿童数量也是历史上最多的，据统计，2014年中国0—6岁幼儿约有1.8亿，到如今，这些幼儿恰恰成为我们托管班的服务对象。所以从需求量的角度来讲，托管班的市场非常大，而且五到十年间会越来越大。

第二，独生子数量多。二十世纪八十年代到九十年代出生的这批人，独生子占据了大多数。独生子意味着既是家中唯一的孩子，也都是"长子"。同时也意味着，他们的父母大多数处于未退休的年龄，所以"父母帮忙带孩子"的情况，在这批年轻人尤其是城市年轻人中是比较少见的。

第三，生存压力大，工作繁忙，但消费能力强。二十世纪八十年代到九十年代出生的这批人，正处于事业上升期，工作繁忙，生存压力大，但是消费能力却非常强。因此，他们可能拿不出很多时间来照顾孩子的饮食起居，但是却可以"用金钱换时间"，通过购买社会服务的方式，来解放自己的时间、满足孩子的需求。

综上所述，我们可以得出结论：托管班的市场需求是空前巨大的，市场潜力也是非常可观的，这也是我们投资成立托管班的信心源泉和前提保障。

正如我们之前所说，托管班属于服务行业，但与此同时，它与教育行业也关系密切，因此托管班除了具备自身的一些特点和优势之外，也需要遵循服务行业和教育行业的一些普遍原则。

服务行业的第一条原则就是"以人为本"，这也是开设托管班的第一原则。

与其他产业相比，服务行业应更加重视"以人为本"的服务理念，因为服务行业简单来说就是一个"人与人打交道"的行业。所以我们在开设托管班的时候，首先要考虑两个问题：

第一，如何在工作中，将自身及员工的价值发挥到极致。

第二，如何能够不断地提升服务品质，满足客户的基本需求，挖掘客户的深层次需求。

服务行业要想做好、做强，就必须要在"人"上下功夫。找到合用的人，服务信任我们的人，吸引更多的人，是我们永恒的职责和追求。

教育行业要求保障被教育者的身心健康和安全，这是对教育机构和教育从业者的基本要求。托管班虽然不是教育机构，托管班的工作人员也不是教师，但是在这一点上，我们与学校、教师的目标应该是一致的——开设托管班，要把孩子的身心健康和安全放在第一位，既要保证孩子的身体健康，也要保证孩子的心理健康。

由于托管班往往涉及餐饮供应、学生接送等服务项目，所以保障学生的身体健康尤为重要。假如一个托管班不小心让孩子们"吃出了毛病"，或者说在接送过程中发生了一些影响儿童身体健康的意外事件，那么对于托管班的打击将是致命的。所以，在具体的工作中，托管班一定要把安全二字放到重中之重的位置上，不容有丝毫懈怠。

与身体健康和安全相比，学生的心理健康和安全，在以往似乎并不被相关的从业者所特别重视。但是我们要意识到，随着时代的发展，我们的目标客户群体对服务提出了更新更高的要求，而其中一项就是希望托管班这样的机构，在满足孩子们的基本生活需求之外，还要满足孩子们心理上的一些诉求。如果做不到这一点，那么很可能会影响托管班的发展。所以，我们也应该掌握一些关于儿童心理特点方面的知识和技巧。

关于如何满足身心健康、安全的具体方法，在本书接下来的内容中，会有详细的介绍。在掌握具体的方法之前，我们先总结、概括了解托管班行业的基本特点，希望可以让有志于踏足这一行业的人们，有一个基本的了解和认识，在创业的准备阶段，就做到了解大局、心中有底。

第二要素：市场前景的充分调研

托管班作为教育服务行业中的一个新兴领域，在经营过程中自然会遇到很多困难，作为经营者，应该在开班前，从各个角度全方位思考可能遇到的困难，并提前准备好应对策略，这样才能做到胸有成竹，有条不紊。总的来说，托管班的市场前景很广阔。但我们也要明白一点，市场前景广阔，并不意味在开办托管班的时候，可以不调研、随心所欲。想要让托管班有好的发展前景，还是要通过调研，找准时机、找对地方、找到客户。

这就好比地球上有大量的水资源，但如果不经过仔细调查，把水井打到了沙漠上，那么不管地球上有多少水，都和你没有关系了。相反，如果能够通过调查找到"水源"，那么大量的资源就会源源不断地出现，让你开设托管班的时候事半功倍。

托管班调研的第一步，就是要进行地址调研。

就像找水一样，离水源越近，就越容易找到水。那么对于托管班而言，什么是"水源"呢？答案就是学校。因为托管班的对象是学生，所以，一般来讲，托管班的选址应该放到学校附近。这么一说，似乎选址是一件很容易的事情，但事实上,在具体的选址过程中,我们要考虑的事情还有很多,所以托管班选址一定要格外慎重。

首先,如果你是刚开始办托管班,那么不建议选择当地那些比较知名的大学校附近。一般人认为,开托管班当然离大学校越近越好,但他们其实没有意识到,离大学校越近,竞争越激烈,很多大型的校外教育机构早就盯上了这块肥肉,作为刚开始创业的你,是否准备好应对如此强大的竞争对手,恐怕还是个未知数。

其次,也不要选择那些教育质量特别差的学校,一方面这些学校的收费比较低,目标客户群体的消费能力也有限;另一方面,这些学校的孩子们学习基础可能较差,所以在经营中经常是费力不讨好,很难得到家长的认可。

所以,选址的时候,我们尽量选择那些新开的重点学校,或者规模较小但是教学质量比较好的老牌学校。

另外,托管班在办公地点的选择上,还需要注意几点基本原则:

第一,低层原则。

安全是托管班的首要任务,所以在选址的时候,一定不能选择高层建筑。一般而言,托管班要开设在三层以下的民用建筑里,超过三层的话,安全管理的难度和风险就会大大增加。另外,托管班不可开设在地下室中,这一点也是出于安全的考虑。

第二,不饱和原则。

在你选择的"水源"附近,可能有人已经先你一步,打下了自己的井口,如果井口不太多的话,你依然可以挖出井水,但是如果井口太多,那么资源可能已经枯竭了。我们在开办托管班的时候,也要考虑目标区域的竞争情况。如果目标区域的托管班市场已经趋于饱和,那么就要另谋出路了。如果目标区域属于未开发的处女地，或者属于竞争不太激烈的蓝海地区，我们才可以考虑下一步的计划。

第三，竞争优势原则。

大部分情况下，在同一个地区，不可能只有一家托管班。即便你是第一家，那么也要意识到竞争者会接踵而至，这时候，我们要充分分析竞争者的优势是什么，自己的优势又是什么，只有做到知己知彼，才能在竞争中不落下风。

第四，目标区域的顾客分析。

在托管班选址的时候，我们选的不仅是地方，也是人。我们要分析这个区域内潜在顾客的收入水平、消费习惯、思维特征。当然，并不是说消费水平高的地方就更容易创业，消费水平低的地方就没有潜力可挖。而是说，我们要根据目标顾客的特征，来提供相应的服务，这也迎合了服务行业以人为本的基本理念。

第五，托管班周边环境分析。

我们开办托管班收纳的孩子多是低龄儿童，所以过于复杂的环境不利于孩子的成长，在拟设校址时我们要考虑周边环境是否单纯、是否安全。

以上是开设托管班之前基本的调研方向，在任何一个地方，我们都可以根据这些要素，指导自己的前期调研工作。此外，我们也应该充分认识到不同城市对于托管班的不同认识，在前期定位的时候，应该充分了解自己所在城市的相关政策法规、市场特征等因素。

近年来，随着托管班行业的日益兴起，各个城市也加强了对托管班的管理。例如深圳市出台了《深圳市校外托管机构管理办法》，办法中规定："校外托管机构的场所或建筑应当符合消防法律、法规和规章规定的安全条件，除建筑原使用功能（用途）是作为中小学生相应年龄段的住宿或活动场所外，其他的场所或者建筑改建为校外托管机构的，应当依法取得消防行政许可。"

郑州市出台了《郑州托管机构管理暂行办法》，而这个办法的出台，有一个重大原因就是当年郑州市出现了居民与托管班的冲突事件，由此可见，如果办理托管班前期调研做得不充分，没能充分考虑到各方面的因素尤其是选址因素的话，在后期的运营过程中，可能会产生无穷的后患。

第三要素：预算的充分认识

作为创业项目，托管班与其他创业项目一样，预算是非常重要的。预算的准确把握，既能避免创业失败的风险，也能让自己清楚地明白所办托管班的档次和定位，对于树立经营方式和方向有着关键性的指导作用。

很多人会简单地问，投资一家托管班需要多少钱。这个问题实在是太宽泛了，因为这个投资区间太大了——有的托管班三五万块钱投下去，就可以开门营业了；而有的托管班，投资则高达上百万。所以，托管班这种创业模式，可以算得上是"丰俭由人"，很难准确地说投资一个托管班具体需要多少钱。

虽然我们不能确定投资一个托管班需要多少钱，但是却可以简单列举一下投资托管班的必要支出，这些支出是大多数托管班必须要有的，而这些支出的总额，就是一个普通托管班所需要的前期总投资。下面，我们就来具体列举一下托管班在前期的准备阶段所需要的各项支出。

首先是房租，托管班可以开在商业区，也可以开在能够营业的居民区。一般来讲，商铺型的托管班前期需要支付更多的房租，以西安为例，每平方米商铺的价格每月大概在60元到90元。一个托管班至少需要80平方米的面积，因此托管班每月房租至少在 5000 元左右，半年付的话，就是三万元。

如果开设社区型托管班，房租就要便宜得多，在很多城市，80 平方米的住宅租金大概是 2000 元左右。对于大多数创业者而言，开设一个社区型托管班其实是比较现实的做法，起码在房租的投入上，每年就可以少投入数万元。

当然，80 平方米是托管班的最小面积，大多数情况下，这么大的面积是不太够用的。行业内一般认为，每个学生要占用 3 平方米的面积，如果带午休床的话，则需要 4 平方米。也就是说，假如你的学生超过 20 人，那么 80 平方米的面积就有些不太够用了，一般来讲，托管班的房间最好在一百五十平方米以上，可以容纳 40 个左右的学生。

假如以 40 个学生为我们的开班目标，那么我们还需要多少相应的其他支出呢？首先估算一下基础硬件的投入：

第一，课桌椅。一般来讲，课桌椅的价格为 100 元左右一套，40 套的话需要 4000 元。课桌椅可以在淘宝上买，价格比较透明。当然，也可以到当地市场或者二手市场购买，数量多的话，价格也比较好商量。如果买二手课桌椅的话，还能进一步缩减一些开支，但最少也要 2500 元才能拿下。

在购买课桌椅的时候，切忌贪便宜，质量不好的课桌椅，使用寿命短，容易发出声响，甚至可能会带来一些安全方面的隐患。比如因为声音响被邻居投诉、出了安全问题被家长问责，这些意外的事件，都是托管班不能承受之重，所以宁可多花一点钱，也要购买质量比较靠谱的课桌椅。

第二，学习用具。包括黑板、板擦，当地学生的教材和练习册等常用的学习用具，这其中除了黑板不好估价之外，其他文具 300 元足矣。不过在购买文具的时候，还是要购买质量比较好的，因为它们的使用频率比较高，容易损坏，质量好的产品反而能帮你省钱。

第三，午休床。午休床有两种，一种是叠叠床，在幼儿园经常可以看到这类床。叠叠床的价格可能在150元左右。还有一种是普通的上下层架子床，铁、木制均可。但是铁质的价格可能比较便宜，一张大概在200元左右，木质的话需要500元。如果有学生40人，其中有午休需求的可能在20人左右，所以前期不要买太多，30张就足够了，算下来午休床的投资可能在5000元左右。

另外，还需要购买一些床上用品。现在很多家长出于卫生考虑，会自备床上用品，但是托管班也应该自备一些。床上用品的价格可能比较高，一套300元左右。如果准备30套的话，大概需要7000元左右。

以上为托管班所必备的物品。假如托管班要开展午餐供应等其他服务，那么还需要拿出预算去购置相应的设备。

餐饮硬件包括冰箱、消毒柜、碗筷等。其中冰箱至少要有一台，建议容积在200L以上。如今国产冰箱品牌价格不高，质量过硬，所以我们可以选择国产大品牌。通过网络购买的价格比较透明，大概需要投资1500元左右。另外值得注意的是，如果当地的食品药品监督部门有留样需求的话，还需要专门购买一套留样冰箱，留样冰箱比较小，只有冷藏功能，那每餐的饭菜装进专用的器具放到冰箱里就可以了，价格估计在500元以下。

消毒柜也是一个非常重要的电器，用以给碗筷等厨具消毒，价格可能在500元左右。容积的话，不能太小，要在50L左右。

因为要用消毒柜，碗筷勺不建议购买塑料制品，瓷器也不建议使用，不安全也容易打碎，所以不锈钢餐具可能是最好的选择。找对卖家的话，这部分开支不会很大，1000元封顶。

还需要购买电饭锅，用来蒸米饭。40个小孩再加上工作人员，每餐饭大约需要10L左右的米饭，所以电饭锅购买12L左右的就可以了，价格在300元左右。另外，还需要购买一个电饭锅用来煲汤，价格也在300元左右。另外需要强调一下的就是，汤在炖好之后，千万不要直接端到厨房外面，一定要等放凉以后再端出去。这样即便不小心洒到身上，也不会烫伤。

托管班还需要购置一个微波炉，主要是用来帮助那些不能按时吃饭的学生热饭。普通的微波炉价格在 300 元左右。

为了给孩子提供安全卫生的饮水，还需要购买饮水机。学生饮水量很大，如果采用自己烧水或者净水器的方式来供水的话，其实很不划算，也容易产生卫生上的隐患。那么不妨直接购买桶装水，然后配备一个比较好用的饮水机，大概需要花费 200 元。

厨房里需要用到的案板、菜刀、蒸笼、各类锅碗瓢盆等厨具也需要购置，大概 300 元左右。关于食材调料的价格，这个可供选择的档次比较多，价格浮动也比较大，建议购买大品牌里比较便宜的产品，既能保证安全卫生，又可以节约一些开支。

第四要素：托管班所需的可选预算分析

开设托管班，除了必要的预算之后，还有很多可选的预算。所谓可选预算，指的就是这个东西可以买也可以不买，这个钱可以花也可以不花，但是我们下面列举出来的这些东西，可以极大地提高托管班的工作效率和档次品味，所以如果有条件的话，还是尽量购置齐全。

首先是打印机、复印机，现在学生的很多作业是需要打印的，而且随着打印机的普及，专门的打印店也越来越少了，所以可以专门购买一台打印机，供学生使用。一台普通打印机的价格在700元左右，激光打印机1000元以上。不过除了购买机器之外，打印机所需要的耗材也是一笔比较大的长期开支，每个墨盒七八十元也就打印三四百张，激光打印机的耗材要便宜一些。关于打印机的长期开销，其实可以附加到托管班的费用里去，毕竟给孩子们提供了很大的方便，家长们也愿意掏这笔钱。

其次是投影仪，投影仪可以替代电视，给学生提供一个娱乐设施，降低托管班的管理难度。购买投影仪尽量买流明在3000以上的，白天也能看得非常清楚。进口投影仪的价格在2500元—3000元之间，国产品牌1300元—2000元之间也能买到。

另外还有软装的预算也要考虑在内。软装虽然是必要的预算，但是这个预算上下浮动的区间比较大。一般来讲，如果是老房子，最好重新粉刷墙面，颜色的选择上，如淡黄色、淡绿色、淡蓝色，或上白下绿等，都是非常适合托管班的色调，让家长和学生进入托管班之后明显感觉不一样。

另外，托管班需要一些办公器具，如前台桌、礼品柜、书架、100~300本课外书等。

以上是一些实实在在、看得见摸得着的硬件预算，还有一些软件预算，是看不见但必须要有的。很多刚刚入行的人，往往会忽视招生预算的重要性。他们把硬件置办齐了之后，就等着家长和学生上门了，这种等客上门的方式，并不适合托管班的招生。所以我们要积极地投入招生工作中，并拿出一部分预算专门用于招生工作。

我们需要购买手举牌，上面标明托管班的名称、简介以及联系方式，每次接送学生的时候举着，既能以此来集中学生，也能起到宣传的作用。建议制作三四个，大概100元左右。

托管班还要制作一些宣传单或者条幅：宣传单需要印刷2000—4000张，条幅需要制作2个，成本大约需要300元左右。如果当地允许宣传的话，我们还应该制作一些海报和易拉宝之类的广告用具，建议制作3到5个易拉宝，放置于托管班室内外宣传，这部分要留出200元左右的预算。

为了更好地宣传自己，我们还可以制作一些带有托管班标志的帽子或者姓名牌，免费发放给学生，一来可以更好地识别自己的学生，二来也可以起到宣传作用。这些东西的质量一定要好、设计一定要美观，预算在1000元左右。

这些招生的必要材料，一定要考虑清楚之后，找一家专门的机构统一制作，不要想起一出是一出，那样花的钱更多，效果也不会太好。

此外，在托管班开办的初期，还要准备一些礼品，用来发放给学生和家长，赢得他们的好感。学生礼品的话，需要先购置一个透明的礼品柜，里面放置一些当下学生喜欢的玩具、玩偶等。学生参观托管班时，如果能看到一些他们很喜欢的东西，那么说不定就会因为它而喜欢托管班。在实际的开班过程中，此类现象是很常见的，所以在这部分预算上，不妨大方一些，花上2000元去购买相应的礼品，这样达到的效果要远远超出你的投入。

我们还应该给家长一些礼品。因为很多家长在选择托管班的时候，经常会提出学费优惠，如果优惠的少，家长不满意；如果优惠的多，自己承受不了。而且如果因为优惠幅度不同造成学费不统一的话，在后续的管理中也容易出问题，所以，不如给家长准备一些礼品，当他们提出优惠的时候，以礼品代替优惠。送给家长的礼品包括网校的学习卡、与家教有关的书籍等。这部分礼物你送出去越多，证明你的生意越红火，所以不必过于吝啬，可以投入2000元到6000元的预算。

说到这儿，其实还有一个关键性的预算没有提及，那就是工资的预算。

一般来讲，托管班至少需要聘请一到两名员工，负责做饭、接送孩子等。你可能会觉得，饭自己可以做，所以不需要聘请别人了。但是在家长看来，一个负责做饭的托管班老板是不够专业的，所以如果家里没有其他人帮忙的话，还是尽量聘请一位专门负责做饭的厨师比较好。

随着学生人数的增加，你可能还需要聘请辅导老师。由于各地的人力成本不大相同，所以这部分预算很难统一，你需要根据自己所在地区的用人成本去具体计算。但不管工资是多少，一定要记住在做预算的时候，至少预留托管班相关工作人员一个月的工资预算，这样即便资金暂时周转不开，也不至于发不出工资。

以上是托管班最基础的各项物品配备及大致预算，全部算下来可能在4万元左右。当然，由于每个托管班的档次不同，每个地区所需要的花费不同，具体需要的各种设备也有差别,所以预算的浮动还是比较大的。但是你可以根据这个基本的预算,来评估自己可以增加哪部分预算、减少哪部分预算,最终得到自己的真实预算。

附录:《深圳市校外托管机构管理办法》

深圳市人民政府令

第 323 号

《深圳市校外托管机构管理办法》已经 2019 年 8 月 8 日市政府六届一百七十九次常务会议审议通过,现予公布,自 2019 年 9 月 1 日起施行。

深圳市校外托管机构管理办法

第一条 为了规范深圳市校外托管机构的管理,促进义务教育阶段中小学生(以下简称学生)身心健康和安全成长,根据有关法律、法规规定,结合实际,制定本办法。

第二条 在本市行政区域内从事校外托管服务以及相关活动的管理,适用本办法。

本办法所称校外托管机构,是指公民、法人或者其他组织举办的,受学生监护人委托在学校以外为学生提供就餐、午休、放学后托管等课后托管服务的机构。

第三条　校外托管机构的管理遵循依法设置、规范管理、确保安全的基本原则。

第四条　市政府建立学生托管服务管理联席会议，由市教育行政部门会同市发展改革、财政、工业和信息化、市场监督管理、规划和自然资源、卫生健康、公安、民政、城管和综合执法、住房建设、建筑工务等部门组成，统筹协调本市学生托管服务管理工作，研究解决学生托管服务管理过程中的重大问题。

各区（新区）建立相应的学生托管服务管理沟通协调机制，统筹本区义务教育阶段学生托管服务的管理工作。

第五条　市教育行政部门负责学生托管服务的统筹协调职责。

市场监管部门依法负责营利性校外托管机构的商事登记、食品安全以及职责范围内的监督管理。

民政部门依法负责非营利性校外托管机构的民办非企业单位登记以及职责范围内的监督管理工作。

卫生健康部门依法负责校外托管机构的卫生监督管理及其日常检查、疫情防控工作。

消防部门依法负责校外托管机构消防安全条件核查工作，落实日常监督管理工作，指导社区开展对学生校外托管机构进行防火安全检查工作。

公安派出所依法负责辖区内校外托管机构及周边区域的治安监督管理工作，对校外托管机构人员提供安全技术防范和治安管理方面的指导和培训。

各街道办事处（含新区下设办事处）负责辖区内校外托管机构的日常巡查、综合执法和协调工作。

市、区相关职能部门按照各自职责依法做好校外托管机构管理的有关工作。

第六条　鼓励社区居委会利用社区资源设立或者与他人合作设立校外托管机

构,或者采取其他形式提供校外托管服务,满足社区需求。

社区工作站应当将校外托管机构纳入社区安全管理,协助公安、消防、食品药品监督等部门对校外托管机构进行安全监督。

第七条 鼓励依法设立的及有条件的校外培训机构可以提供校外托管服务,并及时到登记机关变更营业范围内容。

校外托管机构开展教育培训活动的,按照校外培训机构的有关规定执行。

第八条 公民、法人或者其他组织(以下简称设立者)设立校外托管机构,应当依法办理商事登记;以非营利为目的设立校外托管机构的,应当依法办理民办非企业单位登记。

校外托管机构变更登记内容的,应当依法到原登记机关办理相应的变更事项,其中经营场所发生变更的,还应当及时告知卫生、食品安全、消防等监管部门。

第九条 依法取得商事登记或者民办非企业单位登记证书的校外托管机构,应当具备下列条件,方可从事校外托管服务:

(一)有符合消防、建筑、卫生、食品经营、食品安全法律、法规、规章和本办法规定相关条件的服务场所、设施;

(二)有与开办规模相适应的工作人员,主要负责人具备独立承担民事责任的能力;

(三)法律、法规和规章规定的其他条件。

第十条 校外托管机构提供托管服务的场所应当符合建筑物结构安全,确保与危险化学品保持法定的安全距离,其建筑面积应当在 80 平方米以上,托管学生人均建筑面积应当在 4 平方米以上。校外托管机构提供托管服务的场所不得与生产、经营、储存、使用危险化学品同在一栋建筑内,禁止在地下室、仓储建筑、污染区、危险区等场所提供托管服务。

市场监管部门、住房建设部门、公安机关可以会同相关行政部门,根据食品安全、消防、安保防范的法律、法规和规章，结合本市校外托管机构实际，分别制定校外托管机构的食品安全条件指引、消防条件指引和安全技术防范指引。

第十一条　校外托管机构应当根据托管学生人数配备工作人员，托管学生在25人以下的，应当配备2名以上工作人员；每增加20名学生的，应当相应增加1名工作人员。

校外托管机构配备的工作人员，应当无犯罪记录，身体健康，没有精神性疾病、传染性疾病或者其他可能影响学生健康与安全的疾病。

校外托管机构提供餐饮服务的，其从事餐饮服务的工作人员应当依法取得健康证明后方可上岗，并每年进行健康检查。

第十二条　校外托管机构应当履行以下安全管理义务：

（一）与托管学生监护人签订《中小学生校外托管服务协议书》；

（二）安排专人确保托管学生的接送工作，保障学生放学后到校外托管机构及托管后返校的安全，晚托后应当确保学生由学生监护人或者其指定的人员接走；

（三）未接到托管学生的，应当及时通知学生监护人和学生所在学校并积极查找；

（四）学生托管期间应当始终有工作人员照看；

（五）在提供托管服务期间预防和避免暴力、欺凌等侵害事件，保护托管学生身心健康和安全；发现学生生病、受伤或者其他紧急情况时，应当及时救助托管学生，并且及时与学生监护人和学生所在学校取得联系。

第十三条　校外托管机构应当履行以下卫生、食品安全管理义务：

（一）保证托管环境、生活用品的卫生，严防传染病；

（二）就餐环境、餐具等设施应当符合卫生、食品安全要求，实行分餐制；

（三）配餐合理，营养符合国家规定的学生营养标准，每周制定食谱，并在就餐场所公示；

（四）建立食品留样制度，并配备食品留样的专用容器和设施；

（五）发生食物中毒、传染病及其他卫生突发事件，应当及时采取措施制止，防止事态扩大，立即向所在区食品药品监督管理部门、卫生行政部门和教育行政部门报告，并且通知学生监护人及其学校。

校外托管机构自行配餐的，应当按照《中华人民共和国食品安全法》的有关规定采购食品及其原料，保留采购台账记录，不得购买来源不明的食品和原料；非自行配餐的，应当向取得具备配餐资质的配餐企业采购配餐服务。

第十四条 《中小学生校外托管服务协议书》应当明确托管期限、收费标准、双方权利义务、违约责任，以及双方协商一致的其他条款。市教育行政部门负责制定《中小学生校外托管服务协议书》范本，供校外托管机构与托管学生监护人参考使用。

校外托管机构应当合理收取托管费用，并且在服务场所公示收费标准。

校外托管机构停止托管服务的，应当提前 30 日告知被托管学生及其监护人，退还托管协议剩余期限的托管费用，依照托管协议承担相应的违约责任，并且向所在的街道办事处报告，说明停止托管服务理由以及退还托管费用等情况。

第十五条 校外托管机构应当对托管学生登记造册，并将在本托管机构托管的学生名册以及专门接送小学四年级以下学生的工作人员身份证明提交学生所在学校。

校外托管机构应当教育、引导托管学生遵守公共秩序，避免干扰所在区域其他居民的正常生活。

第十六条 鼓励校外托管机构购买人身意外伤害、安全生产责任等商业保险，分散托管期间的各种风险。

第十七条 鼓励有条件的校外托管机构与托管学生监护人协商安装监视监控报警等安全技术防范设备，以及约定监控视频保存且可查阅的有效期限等条款，兼顾做好学生安全和隐私保障。

第十八条 学校应当在开学后1个月内对本校学生在校外托管机构的托管基本情况进行统计并报所在区教育行政部门；发现安全隐患的，应当及时报告所在区教育行政部门以及相关部门。

学校及其在职教师、其他工作人员不得设立校外托管机构，学校在职教师以及其他工作人员不得在校外托管机构兼职并且获得报酬。

第十九条 校外托管机构有违反本办法规定行为的，托管学生监护人可以向登记机关或者相关职能部门投诉。

鼓励社会公众对校外托管机构的不法行为进行投诉、举报。

登记机关或者相关职能部门接到投诉、举报后，属于本部门职责范围内的，应当在法定期限内调查处理，并将处理结果告知投诉人；不属于本部门职责范围的，应当在3个工作日内移送有权处理部门处理并告知投诉人。

第二十条 市教育行政部门应当统筹建立校外托管机构的联动管理和信息共享机制，加强信息沟通和通报。

登记机关应当将登记的校外托管机构名单及其登记信息在部门信息网站上予以公开，并依法公开托管机构的年度报告或者年审情况。

登记机关、食品药品监管、消防、教育、公安等部门应当按照各自职责，对校外托管机构执行法律、法规、规章以及本办法的情况进行监督检查，并通过政府或者部门信息网站、政务信息资源共享平台公布对校外托管机构违规经营的查处情况；检查中发现不属于本部门职责范围的安全隐患，应当及时上传信息并移送相关职能部门处理。

街道办事处、社区工作站在日常安全监督中发现校外托管机构停止托管服务，或者存在安全隐患的，应当及时报告所在登记机关或者有关职能部门。

第二十一条 未经登记从事校外托管服务的机构，由街道综合执法部门依法予以查处。

第二十二条 校外托管机构违反本办法第十条规定的，由所在区消防、住房建设、规划和自然资源、交通运输或者相关主管部门依法责令改正。

第二十三条 校外托管机构违反卫生、食品药品监督管理或者消防管理规定，不符合卫生、食品经营或者消防条件的，由所在区卫生、食品药品监管、消防部门责令限期改正并依法予以处罚。

第二十四条 校外托管机构违反本办法第十一条第一款、第二款规定聘请工作人员的，由机构登记部门责令整改，并将相关情况予以公开。

所聘请人员不符合公共场所卫生管理有关规定的，由卫生健康部门依法查处。

第二十五条 校外托管机构违反本办法第十二条规定的，由所在区教育行政部门责令改正，并处以2000元以上5000元以下罚款；情节严重的，由所在区教育行政部门处以20000元罚款。

第二十六条 学校违反本办法第十八条第一款规定，未向教育行政部门报告的，由教育行政部门责令改正并通报批评。

学校在职教师或者其他工作人员违反本办法第十八条第二款规定的，由教育行政部门责令改正并依法给予处分。

第二十七条 校外托管机构的管理部门工作人员玩忽职守，徇私舞弊，或者未依照本办法规定履行职责的，依法给予处分；情节严重涉嫌犯罪的，移送司法机关依法处理。

第二十八条 学生家长之间互助提供托管，且托管学生数在5人以下的，受托家长可以不登记设立校外托管机构，但受托家长应当与委托学生监护人之间明确各自权利、义务和责任，尽到安全、卫生等管理责任，确保学生安全。

第二十九条 本办法自2019年9月1日起施行。2008年12月31日发布的《深圳市校外托管机构管理办法》（市政府令第199号）同时废止。

第二章

手续办理 |
从正规走向正轨的要件

托管班发展到今天，已经逐步走向规范化和规模化。在这样的形势下，不正规的托管班必然要遭到淘汰，而正规托管班必将迎来更大的市场机遇。所以，在今天我们想要开办托管班，就一定要从正规走向正轨，这样才能走得远、走得顺。

托管班的注册须知

随着市场的不断规范，托管班的规范化经营也势在必行，那种"支个摊子就开张"的托管班模式，不符合政策法规，属于非法经营，无法得到消费者的信任，必将难以为继。

某地一家新学校落成后，学校周边瞬间出现了60多家"托管班"，而这些托管班，大多数都属于无证经营。当地市场监督管理局得到消息之后，迅速对这一托管班市场乱象进行了整改。仅仅一个星期的时间，就连续取缔了非法经营的托管班40多家。而其他20多家持有经营许可执照的托管班，则在相关部门的监管下有序运营。

如果我们平时比较关注相关资讯的话，像这样的新闻并不少。以深圳市为例，据了解，截至2019年，全深圳市有6300多家校外托管机构，合法有证的只有183家，占比小于3%。而与之相应的一个事实是，如今各级政府对于托管班的管理越来越严格、越来越规范，这就意味着，那些非法经营的托管班必将关门，而规范化经营的托管班，则会在健康的市场环境中成长壮大。所以，开设托管班，只有从正规走向正轨这一条正路可行。

正规的托管班，首先要进行注册。一般来讲，符合以下条件的托管班，才算具备了注册的资格。

首先是场地。场地要求租赁合同必须在两年以上，面积在80平方米以上，租赁场地为商铺或住宅，同时要具备房屋竣工验收报告和房屋验收备案回执（住建局调档）。

其次是资金。注册托管班要求开办资金超过3万元。

然后是二次消防改造。所谓二次消防，就是指这个商业建筑在使用时需要进行的消防安全保护，一般就是指室内装修设计审核。商业建筑需要履行上述的两次消防申报手续，一次消防一般是开发商做好的，二次消防一般是商业建筑的租户要自己负责的。商户的装修工程报审手续中，要求有这个大楼的整体消防验收合格意见书（一次消防）的复印件。

最后是人员。托管班学生在25人以下时，要配备2名以上工作人员，以后每增加20名学生，应该相应地增加一名工作人员。所有的工作人员，都要向有关单位提供公安机关需要的必要证明文件。

拥有了以上基本条件之后，才算是拥有了注册托管班的基本条件。但是在具体的注册过程中，随着托管班提供服务种类的增加，还需要具备与之匹配的相关资质。

比如说大部分托管班要给学生提供午餐并可以午休，因此，托管班就需要根据相关法律法规的规定，取得卫生许可证。再如，有些托管班需要提供校车对学生进行接送服务，托管班就要根据《中小学、幼托园所校车管理若干规定》的要求，上报教育局核准并备案，经教育局、区公安交管部门同意，办理手续核准后，领取统一的校车标牌方可上路运行。

在具备了相关资质之后，就可以开始注册程序了。不同地区托管班的注册程序可能不尽相同，但总体而言，全国大部分地区的托管班注册需要以下几个流程。

首先，向教育部门提出申请。申请时，需要提交以下材料。

· 托管班创办人（创办人可以是具有法人资格的企事业单位、社会团体及其他社会组织或具有政治权利和完全民事行为能力的中国公民）的姓名、住址或名称、地址。

· 申请报告一份，内容包括机构名称、组织机构、人员、食品加工区、周边环境、学生。

人数、内部管理体制、经费筹措与管理使用规定。其中的机构名称，就是托管班日后对外公布的企业名。在给托管班起名的时候，我们也要格外注意，有些人为了让学生觉得温馨，有家的感觉，就给自己的托管班起名字叫×老师的家、×大妈小饭桌、×阿姨托管等。如果你的目标只是要做一个规模比较小的托管班，那么这些名字是没有问题的。但是如果你打算把托管班当事业来做，那么就尽量不要取这些名字，可以取名为××托管中心、××托教中心等。如果后期打算开周末课，就叫××教育，比如学思教育、博睿教育等。

· 机构章程。机构章程包括办学章程与发展规划、教学管理、教师管理、学生管理、财务及卫生安全管理、设备管理等。

· 资产来源及产权、资金数额等有效证明文件。

· 场地、设施的所有权或使用权证明材料。

在接到申请之后，地区教育行政部门将展开审查，期间会派出专人到托管班开办地实地查看，一般会在半个月之内进行审查工作。

如果一切顺利的话，教育行政部门将核发批准文件，并且根据托管班实际的建筑面积，确定托管班可接收的学生人数上限。如果未能通过审批，教育行政部门也会给出书面告知，告知中会指出托管班存在的相关问题，申请者根据告知进行整改后，可以继续提出申请。

在获得了教育行政部门的批准后，托管班应该向所在地区的民政部门申请民办非企业单位登记。所谓"民办非企业单位",是指企业事业单位、社会团体和其他社会力量以及公民个人,利用非国有资产举办的从事非营利性社会服务活动的社会组织。

进行"民办非企业单位"登记,需要提交以下材料。

· 登记申请书。经拟任法定代表人或负责人签署,其中合伙制民办非企业单位的负责人指所有合伙人。

· 业务主管单位审查同意的文件和执业许可证正本、副本复印件。业务主管单位的批准文件,应当包括对创办者章程草案、资金情况、拟任法定代表人或单位负责人基本情况、从业人员资格、场所设备、组织机构等内容的审查结论;对于托管班而言,业务主管单位指的就是教育行政部门。

· 场所使用权证明。

· 验资报告或资产证明,验资报告应由会计师事务所或其他有验资资格的机构出具。

· 拟任法定代表人或负责人的基本情况和身份证明。拟任法定代表人或单位负责人的基本情况应当包括姓名、性别、民族、年龄、目前人事关系所在单位,有否受到剥夺政治权利的刑事处罚、是否具有完全民事行为能力等。

· 相应从业人员的资格证明。相应从业人员需包括:具有大专以上文化程度及中级以上专业技术职务任职资格或三级以上国家职业资格的专职校长一名,该校长要有2年以上职业教育培训工作经历;具有大专以上文化程度及中级以上专业技术职称或三级以上国家职业资格,有2年以上职业教育培训工作经历的专职教学管理人员若干名;从事职业指导和就业服务的相关人员若干名;具有财务人员资格证书财务管理人员若干名。

· 章程草案或合伙协议。

提交登记材料之后,民政部门会在两个月之内作出最终的决定。准予登记的,将颁发《民办非企业单位（合伙）登记证书》或《民办非企业单位（个人）登记证书》。

为了提高我们在注册阶段的效率，在进行注册时，一定要注意材料的完善，尽量避免因为材料不齐、不符合相关规定导致的"穷跑白忙"。

例如，申请登记书，一定要写明申办单位名称或申请人姓名、拟任法定代表人或单位负责人的基本情况、场所情况、开办资金情况、申请登记理由等。

章程草案（或合伙协议）中，一定要写清楚名称、住所。住所是指民办非企业单位的办公场所，须按所在市、县、乡（镇）及街道门牌号码的详细地址、邮政编码、电话号码如实填写；宗旨和业务范围必须符合法律法规及政策规定；组织管理制度；法定代表人或者负责人的产生、罢免的程序等详细内容。

如何快速办理相关证件

从现实来讲，学生托管服务项目涉及教育、消防、卫生、食品、市场监管等多个领域，目前还没有国家层面的相关法规正式出台。因此在地方上，托管班属于需要多个部门联合管理的行业。根据目前的情况来看，全国仅有深圳、东莞、郑州、济源、咸阳、兰州等几个地区的托管班，是由市场监管部门发放个体营业执照，其他大部分地区，大多数是采取备案机制。

因为每个地区的情况不一样，所以开办托管班的各项程序在各个地区也是不同的，那么，如何才能了解自己所在地区开办托管班需要办理什么证件？如何去办？我们不妨采取以下五种方式。

第一种，向政府部门咨询。

向政府部门咨询，可以说是一种最直接的方式。在开办托管班之初，我们可以去当地的教育部门、市场监管部门咨询相关情况。

第二种，与当地同行沟通。

在开办托管班之前，我们一定要想方设法与当地同行建立关系。虽然说同行之间是竞争关系，但实际上，在大部分情况下，同行之间也是最容易有共同语言和话题的。与同行联络，我们可以向他们询问相关的政策和法规，由于同行大都属于过来人，所以他们提供的信息往往是最有价值的。当然，在询问的时候要尽量找那些不存在直接竞争关系的同行，否则对方会因为戒备，而不愿意实话实说。另外，我们也要善于应用现代的沟通工具，比如说微信群、QQ群等，即便是在群里"潜伏"，也可以获得很多有用的信息。

第三种，向街道办、社区咨询。

很多地区的街道办或社区的消息来源其实是很广泛的，而且办理托管班有时候需要到他们那里做备案登记。在做备案登记的时候，我们可以尽量多打听一些开办托管班的相关情况。

第四种，暗访调查。

同行是最了解情况的，但是作为刚入行的你，有时候可能还没来得及与同行达成比较好的关系，彼此之间缺乏一些信任，这时候怎么办呢？你可以以家长给孩子找托管班的名义，去与"同行"交流。交流的过程中，你可以说自己担心他们的证件是否齐全，请他们出示一下相关的证件。多走访几家的话，你就能搞明白在当地办托管班需要什么证件了。

经过一番调查之后，你就可以进入到申请流程了。假如你所在的城市已经可以给托管班发放营业执照了，那么你按照要求申请执照就可以。假如你所在的城市采取的是备案制，那么就赶紧到民政部门或者街道办去备案。

另外，有些城市原来是可以发放执照的，但是现在停止发放了，这时候你就要考虑是否通过接手已经拥有执照的托管班，来开展自己的事业。这样你就要进一步搞清楚托管班的转让机制。

如果你所在城市没有直接的管理部门，也不是没有办法，你可以到市场监管部门去申请家政类的个体商户，或者注册教育科技、教育咨询、文化传播类的公司。此类公司或者企业属于正规机构，经营范围也与托管班有所重叠，所以这些平台可以作为开办托管班的一个出发点。

托管班要有四面墙

托管班在装修布置的时候,要有"四面墙"。可能有人会说,你这不是调侃吗?什么房间不是四面墙?其实,我们这里说的四面墙,不单纯指墙壁,而是指一些有特殊用处的墙面。

第一面墙,背景墙。

虽然托管班规模一般都不是很大,但是还应该做一面背景墙,来提升托管班的形象,展示托管班的特点。大部分情况下,背景墙和前台合二为一即可。如果托管班的空间比较大,可以单独再做一面合影墙出来。

背景墙的设置要使来访者拍照的时候,能够把整个背景墙都框在镜头里,而且背景墙上要能够看到机构的名称,甚至业务类型也要在里面尽量体现出来。

我们要清楚,背景墙的第一个作用是给现场参观的人看的,第二个作用是用来拍照片的。我们如果在托管班里给学生拍集体照片,这个时候背景墙就成了一面广告墙;我们在给孩子颁发奖品的时候,也一定要在背景墙前面进行,然后拍照留念。将这样的照片发给家长之后,他们很愿意发到自己的朋友圈里,这样托管班的相关信息也就传播出去了。这样的广告，可以对托管班起到非常好的宣传效果。

第二面墙，证件墙。

对于新开的托管班而言，没有学生基础，家长不了解机构是否专业，怎么才能让家长放心，建立初步的信任呢？很简单，就是布置一面证件墙。在证件墙上，可以把托管班相关的证明、证件、授权书等展示出来。

随着托管班业务的不断开展，我们可能会获得更多的荣誉。比如有家长送来的锦旗或者感谢信，也可以全部都挂在证件墙上。

如果托管班加盟了一些课程，授权牌也挂在证件墙上，凸显我们的专业性。总而言之，当地发放的托管相关证件、教师资格证、个体工商户营业执照或公司执照、健康证等，都可以放到证件墙上，以此来凸显托管班的专业性。

第三面墙，文化墙。

托管班是教育行业、服务行业，也属于文化行业，所以布置一面文化墙是必须的。在文化墙上，我们要把自己的理念、愿景、目标、核心价值观等内容展现出来。如果资金比较充足的话，可以做得复杂一些。如果资金比较紧张，也可以找广告公司用 KT 板制作。如果我们自己没有现成的机构文化、愿景、目标使命，可以先学习和借鉴其他机构的相关内容。

第四面墙，明星墙。

明星墙分为两部分，第一部分是托管班员工明星。我们要把机构里的明星老师，放到明星墙上，同时把他们的简历、贡献都写清楚。不是说非得有很大的名气才算是明星，只要这位老师在托管班中工作出色，和家长没有冲突，就是我们托管班的明星！

　　第二部分是学生明星。托管班中表现优异的孩子，我们可以放到明星墙上，一方面是对孩子的鼓励，另一方面也提高了孩子们积极向上的动力。此外，随着托管班开办的时间越来越长，我们还可以把上过我们托管班的、在各个方面取得过好成绩的学生挂在明星墙上，这对于托管班的形象提升也很有帮助。

托管班应有的八个区域

托管班除了必备上述四面墙之外，还应该有以下八个区域。

第一，前台区。

有些面积比较小的托管班，是没有前台区的。家长一进门，就直接来到了工作区。其实这是很不好的。前台区是任何一家机构的"面子"，家长对托管机构的第一印象，就是在这里形成的。所以，如果你想把托管班做大做强，就一定要留出一个前台区。即便是空间紧张，经费有限，哪怕就摆一张前台桌，稍加修饰，也可以构建起一个比较简单的前台区。有的托管班在刚创立的时候，网上买一张桌子，用壁纸把桌子贴成相应的颜色，放上几把椅子，给自己设立一个比较像模像样的前台区，家长上门的时候，可以在此等候休息，也可以在此签订一些必要的协议。

第二，办公区。

办公区就是老师办公的区域，如果托管班的面积很大，建议给老师配备专门的办公室和办公区域。托管班的老师没有编制,所以在条件允许的情况下,一定要让他们感到自己的工作是被尊重的,只有如此,他们才会热爱工作、爱护孩子。如果实在没有地方,我们之前说的前台区,就可以发挥作用了。可以把前台区和办公区合二为一,这样既能保证老师有办公地点,还能确保前台区常年有人,一举两得。

第三,学习区。

学习区很简单,就是托管班的教室。托管班的学习区怎么设置,其实有很大的学问。如果放到比较开阔的空间,人来人往影响孩子的学习,容易分散孩子们的注意力。可是如果放到封闭的区域,由于大部分托管班的面积比较小,封闭的区域面积肯定更小,这样会影响招收人数。其实,最好的办法是把学习区设置在开阔区域,然后做一个可以移动的屏风或者隔断。

另外,托管班的学习区,最好和学校的学习区类似。我们可以制作一块黑板,然后在黑板上方放置标语和国旗,这样才会让习惯在学校学习的孩子们,找到相同的学习感觉。在学习区,我们还可以粘贴一些名人画像、警句格言的条幅等。

学习区在装修的时候,最好用壁纸进行墙面装饰。因为这个区域的墙面很容易被学生弄脏,而壁纸换起来也比较容易。

第四,厨房区。

托管班的重点服务之一就是提供就餐,所以厨房区肯定是要有的。锅碗瓢盆、冰箱、消毒柜、留样柜等都要放到厨房区里。如果学生较多还要购置蒸笼、大型电饭锅(或蒸箱)、微波炉等。

假如学生的人数超过40人,建议在厨房区放置燃气灶。有了它,炒菜的效率会有很大的提升,而且还不容易夹生。要知道,很多常见的蔬菜如果夹生的话,是有毒的，要是引起食物中毒，后果就非常严重了。在厨房区，米面油和新鲜菜品要分开放置。另外，建议给厨师购买一套专门的工作服，干净整洁的着装让家长放心。另外切记不可以给学生做食品药品监督管理局明令禁止的食品。关于厨房区的安全问题，我们之后会详细介绍。

第五，就餐区。

一般的托管班，就餐区和学习区其实是一个区域，而且家长们一般也可以接受这种配置。当然，假如你的托管班面积非常大，可以开辟出一个专门的就餐区来，在管理上会更方便。

第六，阅读区。

托管班要重视文化氛围的构建，应该有一个阅读区。如果托管班面积足够大，甚至可以专门开辟出一个阅读室，买几千套课外书，摆上阅读桌。如果托管班面积比较小，我们可以在某个角落专门放置一个书柜，上面摆放孩子们平时比较喜欢的书籍，再放上几把小椅子，作为专门的阅读区域。一定要买正版书，因为正版的图书在纸张和油墨等方面有相关的标准，无毒无害，即便学生不慎将少量纸张吞咽到肚子里，也不会造成特别严重的后果。

第七，游乐区。

托管班的游乐区，其实不用特别大，因为大部分孩子在托管班主要是吃饭、学习、睡觉。但是游乐区一定要有，可以在游乐区摆上一些小棋盘、小手工玩具，让中午不爱睡觉的孩子可以安安静静地下棋、做手工，不影响其他孩子的休息。

第八，等待区。

等待区就是家长来接孩子的时候，给他们准备的一个休息区。休息区可以和孩子们的阅读区放在一起，家长们来了之后，可以在阅读区看一看书，也算是一个比较好的消遣。如果托管班的规模比较大，且在写字楼里，那么我们可以在进门处专门开辟出一个区域，放上饮水机、茶叶、纸杯之类的东西，供家长休息使用。

以上为托管班的八个主要功能区，这些功能区，有些是可以相互"通用"的，有些可以稍微小一点。但不管怎么说，我们在装修布置托管班的时候，心里要有相关的概念，因为这些区域各有功能，也代表了我们的一个服务理念，可以因陋就简，但一定要做规划。

托管班如何制定收费标准

经过长时间的准备，托管班终于初具雏形，也要正式开门营业了。这时候，有一个问题是必须要面对的——收费多少才算合理呢？

我们一定要在正式招生之前，就制定出自己的收费标准，否则家长问你如何收费，你却吞吞吐吐不能立刻给出一个准确的答案，会极大地影响家长对托管班的信任。那么，我们的收费标准应该如何制定？又要考虑哪些方面的因素呢？

首先，要了解周围同行的收费标准。

人们常说，不怕不识货，就怕货比货。对于家长来说，选择哪家托管班好？当然要比一比了，其中价格的对比是他们重点考虑的。所以，如果你不知道周围同行的收费标准，关起门来自己定价，无论高低都是不妥的。价格比周围同行高得多，即便你能够提供更好的服务，但是对于家长来讲，他在考虑性价比的时候很可能将你排除在外。价格定得比周围同行低很多，家长们也会担心："是不是他们家有什么问题，所以价格这么低。"所以，如果你的托管班和周围同行相比，既没有什么特别突出、能够让家长愿意买单的优势，也没有特别的短板，那么你的定价最好和周围的同行一致为好。

如何了解同行定价呢？两种方式。一是可以让自己的亲朋好友以顾客的身份去询问一下；二是可以自己通过电话去询问。在询问的时候，不要只问一家，不妨多问一家，对周围同行们的平均定价有一个比较全面的了解。

在了解了同行的定价之后，我们可以给出一个基础的定价，比如在前期招生阶段稍微把价格定得低一些，并且说明这是一个限定期限的"优惠价"，以此来拉拢第一批客户。

关于收费标准的制定，我们还有一个需要注意的地方，那就是优惠活动。通过调查比较容易知道周围同行的定价，但是我们有时可能会忽略他们的优惠政策，这就导致我们在定价时出现偏差。

比如，周围有一家托管班每个月收费一千元，可是在这一千元背后，他可能会有很多优惠，比如送学习材料、送网课课程、送玩具、送书包等等。这时候如果你对他的优惠条件没有充分了解，也制定了一个差不多的收费标准，那么就等于你的收费比别人的贵一些，会影响自身的竞争力。

在对周围托管班的收费标准和优惠有了全面了解之后，你就可以着手制定自己的收费标准了。当然，你不必完全照搬他人的收费标准，而是要根据实际来提高或者降低自己的收费。比如周围的同行大多数是小区型的托管机构，每个月收费八百块，而你的托管班在商业楼里面，这时候你就可以比别人收费高一些，制定每月一千元的收费标准。一来你的投入要更大一些，二来家长也会对你的托管班更加信任、并愿意多花一些钱来购买你的服务。相反，假如别人家的条件比我们要出色一些，那么我们的定价不妨低一些。

其次，在制定收费标准的时候，我们还要考虑优惠。

一口价或者一锤子买卖不适合托管班，所以我们一定要制定一个可以长期执行的优惠政策。比如每个学期前20名报班的学生，可以享受9折优惠。这样的优惠政策，可以帮你迅速招揽到能够维持托管班基本运营的首批顾客。后招的学生没有了现金优惠怎么办？你可以赠送一些小礼品。小礼品对于普通消费者来讲，单买的价格是比较高的，但是如果你能批量购买，那么它的价格其实是有很大下降空间的。比如，你赠送学生一个市场价值100元的礼品，实际上你只需要花50块的成本就可以了。对于刚营业的托管班，赠送礼品不能太过于吝啬。你用几十元的礼品可以换来一个月几百块乃至一学期三四千的费用，其实是非常划算的。

很多托管班担心学生流失，但实际上，只要你的条件合适、定价合理，那么其实大部分家长是不愿意让自己的孩子换托管班的。所以，在初期定价以及确定优惠之后，我们还可以根据实际情况分阶段取消优惠，甚至是提升一些价格。很多托管班的管理者都是这么做的，而且大部分托管班不会因此损失"老顾客"。

附录：学生托管中心创业计划书（范本）

一、项目介绍

项目名称：××儿童托管服务公司

经营范围：学生学习补习，课后辅导，生活补助的提供

项目投资：8万元人民币

场地选择：××市北街23号

项目概述：采用××市××师大老师兼职形式，将父母无法照顾的儿童组织起来，管吃、管睡、管学习辅导，解决家长与儿童双方困难，而且利用系统的管理教育，培养儿童的自我约束、独立学习能力和团队协作精神。

二、市场分析

育贤，是每个家长的心愿，由于父母上班和出差等原因，××市的儿童托管已成为市民日常生活中一个难题。调查显示：有些家长常谈及孩子读书后，因上班远而不能及时照顾小孩，有些父母文化程度低辅导孩子做作业成问题，代沟

问题等，如果能把这些小孩组织起来，保证孩子们吃得香、睡得好，同时辅导他们做作业，不失为一种商机！

1. 市场需求分析

（1）市场需求调查，80%中高收入家庭愿意接受儿童托管。

（2）托管原因。

当今，人们对教育的重视程度较以前大有提高，孩子竞争激烈、压力大，父母投入社会工作时间长，难以照顾好孩子，教育社会化的程度需不断提高。

2. 市场竞争与前景

××市在开发托管服务市场方面投入的时间不算很长，但普遍存在质量不高的问题，如：师资不合格、服务质量差等。只有扬长避短，制定自己的竞争优势，突出优点，创新发展，才能不断满足社会的需求。托管服务市场发展潜力是十分巨大的，从创业项目来讲，只要重视竞争对手，采取"全方位发展，服务多元化，以优质服务取胜"的经营方针，一定能成功。

三、成本预算

1. 薪资预算

老师薪金为每月发放。

2. 投资预算

（1）租用经营场所每月3000元，经营场所简单装修，涂料、画纸、气球等需要300元。

（2）基本设施：电器、办公设备、桌、椅、床等，用旧添新，租用其他设备、用具等大概15500元。

3. 成本预算

（1）学生伙食费用：按每月200名学生计算，其中有80名学生是需要提供午餐的，每餐伙食收费1.50元，按月30天计，每月有22天工作日，计算得出每月伙食费用3600元。

（2）学生伙食标准：针对少年儿童饮食需求，按不同时令制定出符合标准的菜谱。

四、盈亏分析

1. 资产负债表

资产金额：库存现金20000元，电器5000元，办公设备2000元，桌3000元，椅1500元，床4000元，总计35500元。

负债金额：租用房屋3000元，老师薪金6000元，伙食费3600元，往返接送费3000元，装修等费用300元，总计15900元。

剩余部分：80000—35500—15900=28600元作为储备资金和风险资金

2. 投资收益预算

注：寒暑假，营业收入减少

（1）实现招生目标：全年除去寒暑假2700人次。

（2）主营业额目标：全年营业额540000元。

①季度营业收入：一、三季度600名×平均单价200元=120000元；二、四季度每月750名×平均单价200元=150000元。

五、盈亏预测

（1）如果全年招收1800人次学生，即每月150个学生就为保本经营。

（2）如果全年超过2160人次学生，即每月超过计划180个学生就有盈利。

（3）如果全年不到1440人次学生，即每月不到120个学生就出现亏损。

（4）如果按计划完成全年招收2700人次学生，实现利润15.28万

六、风险预测

（1）选择经营场地的地理位置是否合理；

（2）场所与学校的地理位置是否合理；

（3）对竞争对手的了解不足；

（4）实际投资超出预算；

（5）管理制度不完善；

（6）师资质量问题。

控制办法：

①选择经营场所必须进行实地考察，多选几个点，多提几个方案，请专家评选最佳方案。在允许的情况下可对经营场所周边的居民进行一次民意调查，为决策提供有力的依据。

②要充分考虑学校与托管班之间所需的接送时间、交通工具等，避免迟到现象发生。

③加深对竞争对手的了解：避实就虚，做到他有我有、他无我有，并且定价合理。

④每次投资要进行经济核算，在预算时要宽松或上下互补。

⑤要对教师进行严格考核，严把质量关。

七、市场营销策略

1. 经营策划

（1）场所定位

①选择交通便利的场所。

②场所周边学校不少于3个。

③场所面积不少于300平方米。

（2）设定经营场所

2. 营销策略

加强联系、不断了解、推陈出新、满足需求。

3. 营销手段

（1）熟人推荐：利用熟人介绍。

（2）公关促销：利用学校关系，由学校推广促销。

（3）宣传推广：到各学校设点进行宣传推广工作，特别是中午、下午放学时的宣传。

（4）单位宣传：到学校门口、深入学校周边的居民区派发宣传单。

（5）街道设点：深入各街道设招生站，进行宣传推广。

4. 经营计划

（1）把新生入学的促销工作作为全年的重点来抓。

（2）销售指标落实到个人，与个人经济效益挂钩。

（3）宣传单必须及时派送到准消费者手中。

（4）为完成主营业务目标：公关促销计划完成5万元，宣传推广计划完成4万元，单张推广计划完成3万元，街道居委计划完成2万元，其他完成1万元。

（5）其他，做好家长的思想工作，完成全年招生。

第三章

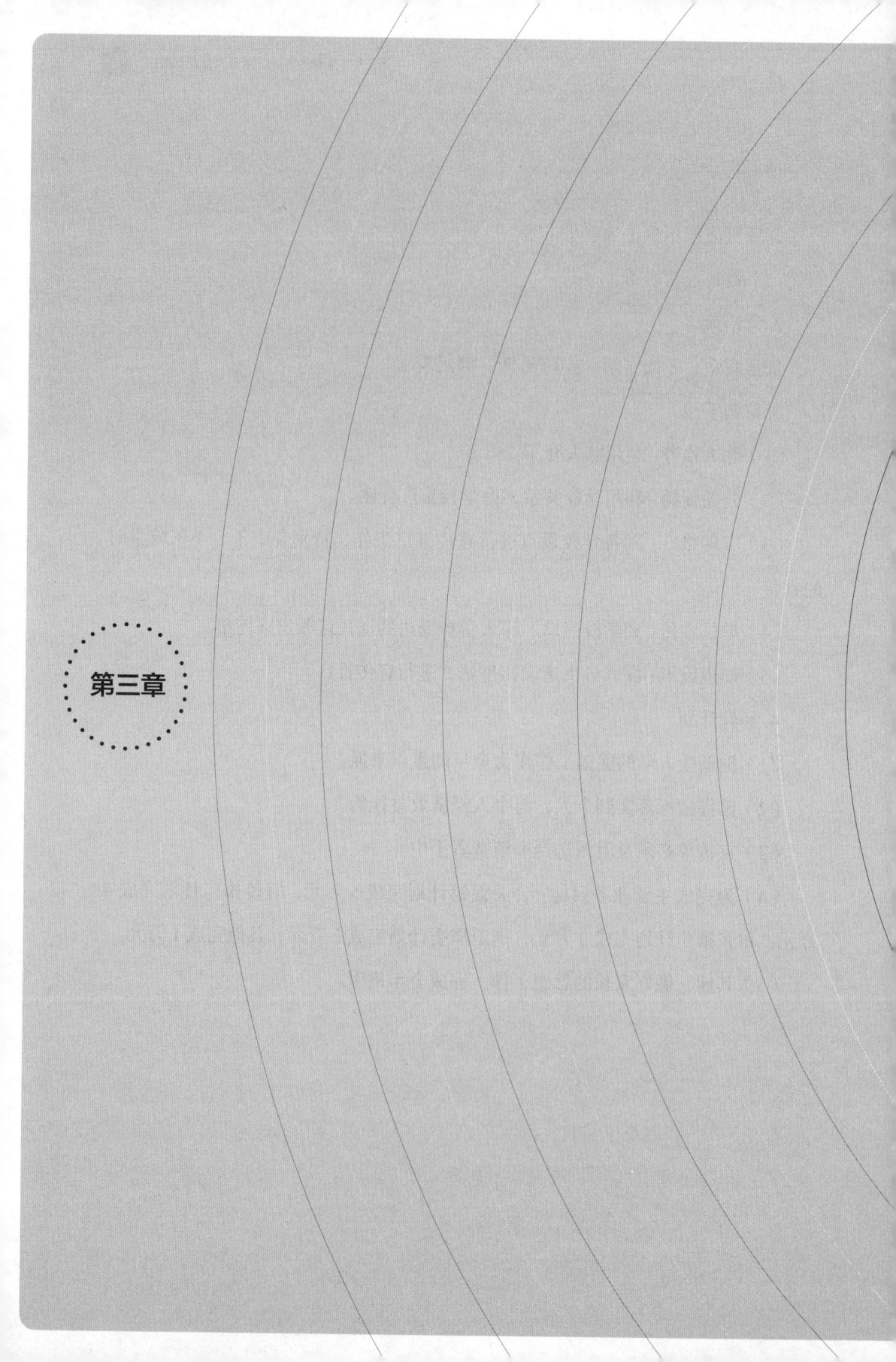

日常管理｜
托管班的人员
配置与管理

作为托管班的管理者，要通过实施计划、组织、领导、协调、控制等职能来协调员工的工作，使员工能和自己一起，不断地朝着共同的目标前进。这需要很高的管理艺术，才能实现。所以，我们不要认为托管班是个小事业，管理起来比较容易，进而产生懈怠心理。事实上，由于托管班的管理涉及员工、家长、学生等诸多要素，是一项非常有挑战性的工作，我们必须要足够重视，才能做好管理工作。

托管班的岗位设置及职责

托管班作为一个小型的教育服务机构，其岗位的配置，要突出"麻雀虽小，五脏俱全"的特点。总体而言，托管班需要以下几个岗位配置：管理人员、老师、厨师、清洁工、采购员，有条件的话，还应该设置营养师、心理咨询师等岗位。

不同岗位人员其职责不同，具体分析如下。

托管班管理人员主要负责托管班日常事务方方面面的协调与沟通，以便托管班日常运营畅通无阻。

托管班老师的主要职责：

首先，负责维护班级秩序。托管班不是学校，客观上讲，托管班对学生的约束力是低于学校的。这就对一线教师提出了更高的要求。老师要掌握维护班级秩序、监督学生行为的相关技巧和能力，同时要有稳定的情绪和热爱工作、关爱儿童的性格特点。

其次，负责与家长沟通。对于托管班而言，同家长的沟通工作与学生的管理工作同等重要。所以我们的老师要善于沟通，并做到言辞得体。

再次，负责完成某些课程的指导和作业辅导工作。

最后，要完成托管班管理人员交付的其他工作。

托管班老师任务艰巨，所以在招聘老师的时候，我们要制定以下标准：

·专科以上学历，最好是教育学、心理学相关专业毕业；

·具备教学经验的优先；

·了解儿童的性格特点，熟练使用办公软件；

·具有很强的沟通能力，普通话标准；

·有亲和力，知识面广；

·具备团队合作的能力；

·无性格缺陷，无暴力倾向。

托管班采购员的主要职责：

首先，负责日常用品、学生用品的采购；

其次，中午要帮助厨师分餐；

最后，完成领导交办的其他任务。

托管班的规模比较小的话，采购员一般由创始人亲自担任。这样更容易控制成本，保证采购质量。

托管班厨师的主要职责：

首先，负责烹饪工作，保证食品质量；

其次，负责厨房的卫生和安全；

最后，负责分餐。

托管班厨师，是一个非常重要的岗位，他必须掌握一定的烹饪技巧，可以做出孩子们喜欢的餐食。另外，还要负责维护厨房的卫生和安全，这就需要厨师既细心，又吃苦耐劳。

托管班清洁工的主要职责：

首先，负责托管班大部分区域的卫生；

其次，负责清洗学生的床单、被套，检查学生用品的卫生情况；

最后，完成领导分配的其他任务。

以上为托管班基本的人员配置，心理咨询师和营养师可以由老师和厨师分别兼任。

托管班在招聘人员时，有几点基本的要求：

第一，所有人都必须持有健康证。

第二，所有人都必须性格健全、没有暴力倾向。因为托管班的工作人员要和孩子们打交道，如果他们的心理存在问题的话，容易造成非常严重的事故。

第三，所有人不得有犯罪记录。

怎么才能招聘到合适的人

对于任何机构来讲，招聘都是一件大事。托管班虽然用人不多，但是在招聘的时候，也不能有丝毫马虎大意，因为员工的素质决定了托管班的服务质量和专业水准，也决定着托管班的未来和前途。

在招聘人员时，我们首先要想的一件事情就是：需要招聘的是什么岗位类型的人员？

这里的岗位类型并不是指分工，而是指核心岗位、关键岗位和大批量岗位的区别。

所谓核心岗位，指的就是他的能力高低，会直接影响到企业的命运。对于托管班来讲，这个核心岗位就是"管理者"。通常，大部分小规模的托管班都是由创始人来担任管理者。

所谓关键岗位，是指维持企业运营的必需人才，而且是在招聘市场上比较稀缺的人才。对于托管班来讲，这个岗位就是老师。老师的好坏，直接决定了托管班的服务质量，所以这是一个关键性的岗位。

对于关键性的岗位，管理者要有两手准备：第一是招聘，第二是培养。首先，我们需要在人才市场不断寻找更优秀的人才来满足岗位的需求；其次，我们也要重视内部的培养，让自己人能够胜任这个关键性的岗位。

厨师也是托管班的关键性岗位。托管班在招聘厨师的时候，可能不需要招聘专业的厨师，但是必须要找一些有过相关工作经验的人。因为给20个人做饭和给2个人做饭，是完全不同的两件事情，如果只是招到了一个厨艺很好的普通人，很可能会在具体的工作中掉链子。

所谓大批量岗位，不是指这个岗位需要多少人，而是指这个岗位的工作很多人都可以做。比如托管班的清洁工作。在招聘清洁工的时候，我们可以稍微放宽招聘的要求，以实际工作的效果来考察他们。如果不能胜任，可以随时更换人员。

在确定了岗位类型之后，我们要确定人数，以及用人的时间。

托管班的招聘人数和学生人数直接挂钩，一般20人以下的托管班，每个岗位一人足矣。超过20人的话，每多20人应该增加一名老师，多50人增加一名厨师、一名清洁工。

对招聘有了基本的认识之后，我们就开始进入正式的招聘环节了。

在发布招聘信息的时候，我们要注意以下五点。

第一，岗位名称要明确。参加招聘的人，可以根据岗位名称来判断基本的工作职能，方便在海量的招聘信息中迅速找到合适、明确的招聘岗位。

第二，工作任务、职责和目标要明确。在招聘启事中，我们要把工作任务、职责和目标写明确，如果糊里糊涂的话，会浪费招聘者和被招聘者双方的时间。

第三，工作要求要明确。把必须具备哪些要求写清楚，直接筛选出我们需要的员工。

第四，工作能力要明确，包括团队协作能力、亲和力、教育能力等。这些东西虽然不能直观量化地体现在招聘信息中，但是可以让招聘者看到我们对员工的期望。

第五，就业条件要明确。我们要把工作时间、工作地点、薪酬写在招聘启事中，这样可以增加招聘的效率。尤其是薪酬，最好不要"面议"，托管班每一个岗位的薪资都是比较固定的，按照岗位标准发放，做到公开透明。

招聘信息发出后，就会有应聘者陆续上门。这时，我们就进入筛选人员的环节。招聘人员在招聘过程中，既要充分发挥自己的主动选择权，慧眼识人，又要理智地应对困难，挑选出真正合适的应聘者。

为了更好地招聘到合适的员工，我们在面试阶段，要进行简单的背景调查、简历筛选等，同时，我们还要通过与应聘者的面对面交流，来判断对方是不是适合这份工作。这是一件非常难的事，需要我们不断地积累经验才可以做到。

总而言之，目前托管班的招聘形势其实是不容乐观的。尤其是关于老师的招聘，很多面试者都有些高不成低不就的心态。从薪酬待遇上来讲，由于托管班的盈利能力比较有限，所以不可能开出非常高的工资来吸引人才。但是从岗位要求上来讲，托管班对于老师的要求又比较高。这本身就是有一些矛盾的。

所以，为了找到最合适的人选，我们需要有耐心、诚心，并且要尽量给就职者提供一些好的福利待遇、人性化的管理模式，这样才能真正找到合适的人才。

如何让新员工快速进入工作状态

　　一般来讲，新员工来到一个新单位，需要一个适应期。在适应期内，他需要慢慢熟悉工作环境，适应工作节奏，找到自己的工作状态。但是对于托管班而言，由于岗位的特点是"一个萝卜一个坑"，所以，这就要求新员工能准确找到自己的定位，迅速融入企业环境，扮演好自己的角色。为了实现这一目标，我们可以在入职程序上多下一些功夫。

　　对于大部分企业而言，新员工的入职程序可以分为三种。

　　第一种，行政型入职。这种类型的入职，就是管理者要通过简单的介绍，让员工明白企业的规划、准则、要求，以一种比较正式的方式，让员工明白自己在企业中需要做什么、不能做什么、有什么样的发展空间。

　　这种入职程序的好处是简单、明确、快捷，但弊端是可能会给新员工带来一些压力，并且会显得企业缺乏人情味。对于托管班来讲，最好不要采取这种入职方式，因为托管班是一个讲氛围、讲人情味的机构，我们也希望员工能在工作中充满热情、饱含感情，所以没有必要把入职程序搞得这么程式化，给员工留下一些不好的心理暗示。

第二种，技术型入职。所谓技术型入职，就是指新员工在入职的时候要接受一段时间的培训，企业通过这个过程来提高员工的工作能力，并让他们在培训中与周围的人建立联系。对于托管班来讲，这也不是一种合适的入职模式。因为托管班的工作特点是事情简单、细节繁复，很多具体的工作方法，需要在实际工作中总结积累，很难通过培训塑造出一个优秀的员工。而且，我们也无法提供大量时间对员工进行系统培训。

第三种，社交型入职。在新员工入职的时候，公司通常会举行简单的欢迎仪式，在仪式上，新员工会对同事有所了解，对企业的人员结构有所认识，并且通过这个仪式来拉近同事之间的距离，让新员工感觉到自己是公司的一分子。对于托管班来讲，这是一种比较好的入职形式。因为我们可以通过这种形式让新员工了解企业的情况，同时也可以让我们对新员工有更多的了解，在相互了解中，彼此的关系也拉近了，大家合作起来会更加顺畅。

员工入职之后，企业就会面临另一个问题，就是如何留住员工。

如果一个人在入职后不久就离职了，这对于托管班来讲，代价是非常大的。因为托管班每个岗位都有特定的职责，一个人离职之后，没有人员可以立即补上。一旦发生这种情况，对托管班的影响是很严重的，因为我们无法在短时间内招聘到另外一个合适的人来替代，这将严重影响到托管机构的正常运行。

那么，为了留住员工，我们需要做好两件事情。

第一，要保证员工的待遇与当初的承诺是完全一致的，甚至有所超出。

很多老师入职某些托管班之后，发现工资待遇比承诺的要低，因为想要领到全额的工资，还有很多附加的条款，而这些条款是很难完全履行的。或者，入职后发现企业里任何福利都没有，这些做法让他们感到失望，自然会选择离开。所以，我们在招人的时候，一是不能开空头支票，二是要把事实交代清楚。信守承诺，是企业运转稳定的保证。

第二，要多给予员工一些人文关怀。

很多企业招来一个新人之后，要求他立刻完全达到企业的工作要求。我们想一想，谁能在工作上无师自通？工作中毫无过错是不可能的。所以，我们要留给新人试错的机会和犯错的余地，对待员工不要过于苛刻，更不能在工作中严以律人、宽以待己，或者对待不同的员工执行双重标准。

随着管理经验的不断积累，我们会发现自己在招聘和人员管理上越来越有经验。一开始，我们招聘的工作人员只能满足填充空缺岗位的目标，随后就可以在招聘中找到一些高绩效的候选人。之后，我们会发现自己在历次的招聘工作中，已经建立了一个属于自己的人才库，我们知道哪些人将来有可能招聘成功，哪些人可能在关键时刻过来帮我们"顶一阵子"。到了这一步，我们就摆脱了"人员离职恐惧症"，不管任何时候，我们都可以从容招聘。最后，我们能够为托管班提供持续的高质量的人才供给。因为我们已经有了足够的经验和足够的人才储备，可以找到最合适的人来完成工作。

做到这些，你就已经成为一名优秀的托管班管理者，可以带领着托管班这艘小船，在大海中自由安稳地航行。

签订劳动合同的注意事项

经过了试用期之后，我们就要考虑与员工签订劳动合同了。

劳动合同的签署，有一些需要注意的事项。

首先，一定要认真审查应聘者的个人资料。简单来说就是最终确认用人对象的身份信息及其他相关信息。虽然我们在招聘的时候，已经对员工的身份和资历有了一些了解，但是在签署合同之前，还是要对其本人所提供的信息进行最终的确认。在这个过程中，需要员工提供身份证原件，以及身份证复印件，要让他在复印件上签字，写明"复印件与原件一致，由本人提供。如有虚假，愿意承担一切法律责任"。如果有条件的话，还需要确认对方是否有违法犯罪的记录。

其次，要对员工学历、职称及工作经历进行审查。这个环节中，我们需要确认员工的学历证书、相关证书的原件及复印件，并让其签字确认提供的原始证件是真实的。同时对员工之前提供的工作经历，同样进行书面确认，签字，并注明"若有虚假，愿意承担一切法律责任"。

再次，为了防止一人多用，我们要审查员工与其他用人单位是否还存有劳动关系。根据合同规定，一名劳动者只能与一家用人单位签订劳动合同，确认一个劳动关系。如果录用了与其他单位存在劳动关系的员工，并因此对原录用单位造成了损失，这个责任是需要我们来负的，通常法院会判定我们有百分之七十的责任，而且这个损失不仅仅是工资损失，还包括其他损失，所以一般来讲赔偿金额比较巨大。所以，我们需要员工提供离职证明，并且让他做出书面承诺，签字确认。

最后，要查验劳动者身体健康证明。大部分企业员工入职签合同的时候，都需要提供身体健康证明。对于托管班来讲，这一道程序更是不能马虎，我们在签订合同之前，可要求员工提供县级以上或用人单位指定医院出具的健康证明。

通过这些审查之后，我们就可以与员工签订合同了。在草拟合同的时候，我们要注意，根据《劳动合同法》第八条规定，用人单位应如实告知劳动者工作内容、工作条件、工作地点、职业危害、安全生产状况、劳动报酬，以及详细解答劳动者要求了解的其他情况。用人单位应当让劳动者签署用人单位设计好的《告知书》，并妥善保存。

对于法律规定的这些内容，我们必须在合同中全面、如实、规范地体现出来。

进入签订合同的环节之后，不能在签订合同当天才让员工阅读合同。根据法律要求，劳动合同文本应该提前一天交给劳动者仔细阅读，如果对方对合同内容提出修改意见，那么双方要进行协商，通过有效沟通，协商一致后，再签署合同。

签署劳动合同时，按照规定应该双方都在场，然后进行签署。一般是员工签字，用人单位的法人代表或委托人再签字，然后盖章。

盖章时要注意，必须做到最后一页有盖章，每页还有骑缝章。这样的劳动合同才是有效的，也可以防止劳动合同被篡改。劳动合同签署完毕后，一式两份，一份交给员工保管，理论上还要有员工的签收凭证，另一份由用人单位保管，并及时归档。

劳动合同签订的时间，一般在正式入职报到后的一周时间内完成。已经建立劳动关系，但未同时订立书面劳动合同的，应当自用工之日起一个月内订立书面劳动合同。

到此，劳动合同的签订手续基本告一段落。接下来将进入办理入职手续阶段。

办理入职手续，需要填写《入职登记表》、提交入职材料、办理报到手续、建立职工名册等。同时要在规定的时间内，到所在地区的职业介绍所进行用工登记备案和相关的社会保险的转移。

作为管理者，除了要了解劳动合同的签订流程之外，还应该对劳动合同的终止、续订手续的有关程序有全面了解。根据《劳动法》规定，发生终止、解除劳动关系情况时，首先填写《解除、终止劳动关系登记表》，经用人单位盖章后存入职工档案，再由用人单位填写《解除、终止劳动关系通知书》，一式三份（企业、职工、调入单位或失业保险机构各保存一份）。接收单位凭《解除、终止劳动关系通知书》办理签订劳动合同手续；失业保险机构凭《解除、终止劳动关系通知书》办理失业登记手续。劳动者与用人单位签订的劳动合同到期前一个月，由用人单位与职工本人协商是否续订合同，经协商一致，到期办理续订或终止手续。

劳动合同是一项非常重要的保障，有些托管班的管理者认为，签署劳动合同主要保障的是员工的利益，但其实这种认识是错误的。从理论上讲，假如不签劳动合同的话，对用人单位更加不利。

为什么这么说呢？因为现在我国的劳动法律法规已经基本完善，作为劳动者应享受的权益，大部分已经无须在劳动合同中体现了。即使不签合同，假如产生了劳动纠纷的话，员工也可以通过单位考勤记录、工资发放的银行流水、证人证言等方式，确认单位和他的劳动关系是真实存在的。

只要确定了劳动关系，单位就应该履行承担的义务，哪怕没有合同或者合同中没有写明，也要履行。而且，这个时候单位还要承担额外的法律风险。《劳动合同法》规定，工作满一个月必须签订书面劳动合同，否则用人单位要向劳动者支付二倍的月工资；工作满十二个月不与劳动者订立书面劳动合同的，视为已签订无固定期限劳动合同，但需要注意的是，虽然已经视为用人单位与劳动者签订了无固定期限劳动合同，但并不代表用人单位已经与劳动者签订了劳动合同。用人单位违反劳动法规定不与劳动者签订无固定期限劳动合同的，应当向劳动者支付二倍的月工资。

也就是说，如果没有签订劳动合同，员工离职的时候，如果去劳动仲裁机构申请仲裁的话，单位很可能最后要支付给他两倍的工资。而且，如果没有劳动合同，单位就无法给员工上保险，不给员工上保险是一种违法行为。

那么对于员工来讲，不签订劳动合同难道是好事儿吗？也不是，因为劳动合同不仅确定了薪资待遇，也确定了岗位和职责，如果不签合同，用人单位就可以随意调整员工的工作岗位、工作内容甚至薪资待遇，员工想拒绝都没有依据。如果员工在企业工作超过了一年，那么就等于自动签署了长期合同，这时候如果单位调整他们的薪资、岗位，员工就没有什么好办法，即使离职并劳动仲裁，也没有两倍工资的赔偿了。

劳动合同和劳务合同的区别

由于工作性质的不同，托管班和某些特定员工签订的可能不是劳动合同，而是劳务合同。那么劳动合同和劳务合同有什么区别呢？

所谓劳动合同，是指劳动者与用人单位之间确立劳动关系，明确双方权利和义务的协议。劳动关系的构成要件包括三个要素：主体、客体、内容。劳动者除了受一般民法保护外，还受劳动法的特别保护。

而劳务合同是指平等主体的公民之间、法人之间、公民与法人之间，以提供劳务为内容而签订的协议。一方向另一方提供劳务，另一方依约支付劳务报酬的一种权利义务关系。广义上，它包括承揽、承包、运输、技术服务、委托、信托和居间等。

劳动合同和劳务合同最大的区别在于，在劳动关系中，用人单位与劳动者之间属于管理者和被管理者的关系，而且往往还存在附随义务，比如用人单位应该为劳动者办理社会保险，用人单位需要承担劳动风险，劳动者应当遵守用人单位的内部规章、制度等。劳务关系中却不存在这些附随义务。

另外一个不同是，劳动合同的主体一方是用人单位，另一方必然是个人；但是劳务合同不一样，可以是法人与法人之间、法人与自然人之间，也可以是自然人之间。比如说托管班和一个家政公司签订了一份合同，家政公司负责托管班的清洁卫生，这就属于劳务合同。负责清洁卫生的这个人，不归托管班管理，也不用遵守你的规章制度。相应的，托管班也不用为他提供劳动保障。

劳动合同和劳务合同的内容也有很大不同。劳动合同签署之后，用人单位必须要按时支付劳动者的工资，除此之外，还必须给劳动者购买社保；但是在劳务合同关系中，一方只需给另一方支付劳动报酬，没有其他的责任。

从法律上讲，劳动合同和劳务合同所适用的法律也不一样。劳动合同适用的法律是《劳动合同法》，而劳务关系如果出现纠纷，则依据《合同法》进行审理。

适用的法律不一样，处理纠纷的方式也就不一样。

劳动合同发生了纠纷，可以由本企业劳动争议调解委员会调解。调解委员会应自当事人申请调解之日起三十日结案，逾期未结案的视为调解失败，当事人可以进行其他程序。调解程序不是劳动争议处理的必经程序，当事人任何一方或双方可以直接向当地劳动争议仲裁委员会申请仲裁。仲裁程序当事人应在劳动争议发生之日起六十日内提出仲裁申请。仲裁庭处理劳动争议，应从组成仲裁庭之日起六十日内结案。劳动争议申请仲裁的时效期间为一年，仲裁时效期间从当事人知道或者应当知道其权利被侵害之日起计算，且适用中止和中断。当事人对仲裁裁决不服的，自收到裁决书之日起十五日内，可以向人民法院起诉。

劳务关系发生争议后，双方可以协商解决，也可以直接向人民法院提起诉讼，不需要经过劳动仲裁程序。

托管班的绩效管理

如何才能让老师们积极地投入工作中，并且合理地提高老师的薪酬待遇？最常用的方式就是绩效管理。但是很多托管班的管理者却不敢执行绩效管理，他们会说"我们担心老师承担不了压力"，或者说"我们不知道该如何设置托管班的绩效管理规定"。

"担心老师承担不了压力"说明托管班员工缺乏承担责任的意愿，也缺乏抗压的能力，并且没有一种积极向上的心态。这是员工的问题，要解决这个问题，就需要企业在招聘的时候，要找到那些愿意面对挑战、愿意通过自己的付出收获更多回报的员工，只有这样的员工，他们才能真正将托管班的事业放到心上，充满主观能动性地去工作。另外，我们要在托管班里营造一些竞争的文化。不要搞绝对的平均主义，因为每个人的能力是不同的，对于企业的贡献也是不同的，只有通过良性的竞争，才能挖掘出每个人的潜力。

当然，在引入绩效管理之前，我们也应该向教师表明我们的用意，以及这样做能给他们带来哪些实际的好处，通过沟通来取得他们的信任和支持，打消他们的疑虑。

如果员工没有意见，但是管理者自身不知道该如何设置托管班的绩效管理规定，那么就是管理者自己的问题了。

确实，关于托管班的绩效管理，没有现成的经验可以借鉴，需要我们自己去摸索。我们在制定绩效管理细则的时候，可以遵循几个原则。

· 指标 SMART 原则

指标 SMART 原则，是为了利于员工更加明确高效地工作，更是为了管理者将来对员工实施绩效考核提供了考核目标和考核标准，使考核更加科学化、规范化，更能保证考核的公正、公开与公平。绩效指标是具体的、可衡量的、可达到的、相关联的、具有时间限制的。比如，如果托管班里每个老师管理 20 个学生，但是随着生源的扩大，我们希望每个老师管理 25 个学生。这时候，老师肯定不太愿意，因为他的工作强度会因此增加。此时，我们就可以通过引入绩效管理的方式，来激发老师们的工作热情。

我们可以这样设置，每个老师管理 20 个学生可以领到基本薪酬，然后每多管 1 个学生，就可以领到一份绩效工资。这里的人数是一个非常具体的概念，所以是符合指标 SMART 原则的。通过这种方式，我们可以让有能力的老师彻底释放他们的工作能力，可能有的老师只能管理 22 个、23 个学生，但有的老师在绩效的激励下，可以管理 30 个学生，他们因此会拿到更加可观的绩效工资。

· 绩效更新原则

一种绩效管理出台之后，并不是一成不变的，我们可以根据托管班的发展情况和战略需求，不断进行调整。如此一来才能保障绩效的合理、科学、有效。比如我们在扩大规模阶段，是以管理学生的人数作为绩效考核的标准，但是当我们决定要将提升服务品质作为发展的方向之后，就可以用家长的好评率来作为绩效考核的标准。如此一来，原本高绩效的老师不会有意见，因为他们管理的学生本来就多，可能赢得的好评也多。而那些原本绩效不太好的老师，也不会有意见，因为他们管理的人数较少，可以"深耕细作"，容易获得更好的绩效成绩。

· 奖励原则

不管什么时候，我们都要清楚，出台绩效是为了奖励工作出色的老师，而不是为了惩罚员工。有些绩效管理之所以不得人心，就是因为执行到最后变成了一种惩罚措施，努力工作得不到应有的奖励，稍有差池便会受到惩罚，员工自然会反对。所以，不管绩效管理的形式怎么变，我们都不要忘记奖励是核心目的，这样才能取得更好的效果。

通过绩效管理，我们可以了解员工在哪些方面有弱点，可以针对他们的弱点进行专项培训。这就是绩效管理与培训的有机结合。

关于绩效管理，还有一个非常重要的问题需要管理者考虑：奖励的幅度怎么确定？对这个问题，我们绝对不能一拍脑袋就下结论，而是要经过科学的计算之后才能确定。那么，如何计算呢？

首先，确定薪酬总额。

绩效是一种奖励，但是不能无限奖励。因为作为一个企业，你的薪酬支出是有上限的，所以，我们一定要先确定好薪酬的总额。比如一个托管班的营业额是每年100万元，我们的用人成本占大部分，可能每年要支出40万元左右。如果超过40万，就会影响到企业的运营，那么40万就是一个薪酬的上限，再怎么奖励也不能逾越这条线。

其次，确定工资结构。

不同的单位，工资结构是不同的，比如保险行业，它的工资结构就是基本工资非常少，但是提成非常可观。而托管班行业与他们恰恰相反，员工的收入，要以基本工资为主，提成为辅。一般来讲，就是员工的基本工资要占到工资总额的百分之七十以上，绩效只能占百分之三十。

再次，考虑超额激励方案。什么是超额激励方案？就是指如果企业的营业额比预计中多，员工绩效也要有所提升，以达到激励员工的效果。比如我们前面说，我们的营业额是 100 万元，我们的薪酬支出是 40 万元。但是如果第二年我们的营业额突然达到了 150 万元，这个时候，我们的薪酬支出如果还是 40 万元，就会引起员工的不满，"我们辛辛苦苦干活，为企业创造了更多的营业额，但是却没有得到更多的回报。"从客观上讲，托管班能发展壮大，与员工的付出一定是分不开的。这个时候，企业肯定要调高薪酬的支出，可以设定第二年的薪酬总额是 55 万。

但是，调高薪酬支出就意味着要加工资吗？不是的。因为工资不同于绩效，一旦加上去，就很难下调了。企业今年能挣 150 万元，明年不一定还能挣这么多，万一明年的收入不及今年，到时候再下调工资，一定会引起员工的不满。所以，增加薪酬支出最合理的方式就是：少涨工资，多涨绩效。通过涨绩效的方式让员工享受企业发展带来的好处。如果将来企业发展遇到了难处，绩效自然会下降，薪酬总支出也随之下降了，员工对此反而比较容易理解并接受的。

· 实事求是、因地制宜原则

我们在计算绩效的时候，还要本着实事求是、因地制宜的原则。比如某位老师管理的孩子比较淘气，这个时候我们就要考虑到教师的难处，灵活地进行绩效考核，一定不能以刻板的绩效标准去要求所有人。当然，这其中的"度"掌握在管理者的手中，管理者一定要认真调查、仔细分析，然后才能制定出让人信服的、合理的绩效标准。

托管班的清洁分工

　　托管班要保持清洁，一方面干净整洁的环境可以给人好的印象，另一方面可以避免病菌的滋生，有利于师生的身体健康。大部分情况下，托管班的清洁需要老师和工作人员共同维护，但是如果没有一些关于清洁卫生的制度和技巧，可能无法实现托管班的真正清洁。所以，作为托管班的管理者，一方面要制定相应的卫生标准，另一方面，也要想办法提高清洁工作的效率。

　　地面清洁是托管班每天都要执行的一项工作。老师们和相关工作人员每天上班后的第一件事情就是清洁地面。清洁地面的时候，我们不仅要将地面清扫干净，还要对地面进行消毒。消毒时，可以把消毒液与水按比例混合，先用拖布沾上配好的消毒液拖一遍，20分钟后再拖第二遍，这样基本就可以保证托管班地面的清洁。为了保持室内空气流通，每天要定时开窗通风，保持室内空气新鲜。

　　学生吃过饭，开始午睡的时候，还要有专人对托管班进行二次清洁。由于学生吃饭的时候会掉一些食物残渣，如果不及时清扫的话，会给整体的清洁工作增加不少难度。

　　托管班里的家具、教具比较多，所以有很多卫生死角。比如吊柜的顶部、冰箱的顶部、床头、书桌下等地方都属于卫生死角。这些地方时间一久，就会堆积大量的浮尘、毛发，所以每个星期都要用吸尘器对卫生死角进行统一的清理。千万不能认为这些地方看不见就不用清理，如果长时间不清理，很容易滋生细菌和病毒。

托管班的厨房也是一个需要重点清洁的区域，一定要规定厨师每天做完饭之后，要对厨房进行整体的清洁。厨房的清洁工作绝对不能隔夜。抽油烟机、灶台及其附近的墙面，需要用专门的清洁剂加以清洁，要不然附着在上面的油污很难被清理掉。每日要做好厨房、餐具的清洁卫生及"三防"（防鼠、防蝇、防蟑螂）工作。

托管班的卫生间，由于常年潮湿，也是一个非常容易滋生细菌的地方，要重点清洁。我们可以用玻璃刮刀来清洁卫生间的镜面，用刷子和清洁剂清洁卫生间的边边角角。还需要准备一些马桶去污除臭泡腾片，隔一段时间往马桶积水中放上一片，浸泡两小时以上，可以起到清洁马桶的作用。

托管班的冰箱，也是一个需要重点清理的地方。这项工作可以交给厨师来做。厨师每天要保证冰箱无异味、无久放的饭菜，更不能有发霉变质的食材。

为了降低托管班的清洁难度，企业可以采取一些小措施，来提高清洁人员的工作效率。比如在托管班的墙角处，我们可以放置一些防尘小三角，这样，墙角处的灰尘就更容易被打扫干净了。各种方便清扫的用具都可以拿来使用。

另外，托管班要多准备一些懒人抹布，由于懒人抹布可干可湿，干擦结实耐用，入水后又相当柔软，所以比较方便使用。

孩子们的皮肤比较娇嫩，所以托管班也要准备一些除螨喷雾剂。隔一段时间就要给孩子们的床上喷一些，这样可以对被褥进行除螨。并对孩子们寝室每月消毒一次，每周翻晒被褥两次，每月洗床单枕巾一次。

另外，托管班还应该准备一个急救药箱，备好冰袋、碘伏、云南白药和创可贴等应急处理药品，一旦有孩子受伤了，可以进行初步处理。

托管班的清洁工作，看起来是小事情，但事实上，关乎孩子的健康与安全，所以千万不能马虎。

第四章

学生管理 |
托班问题的重中之重

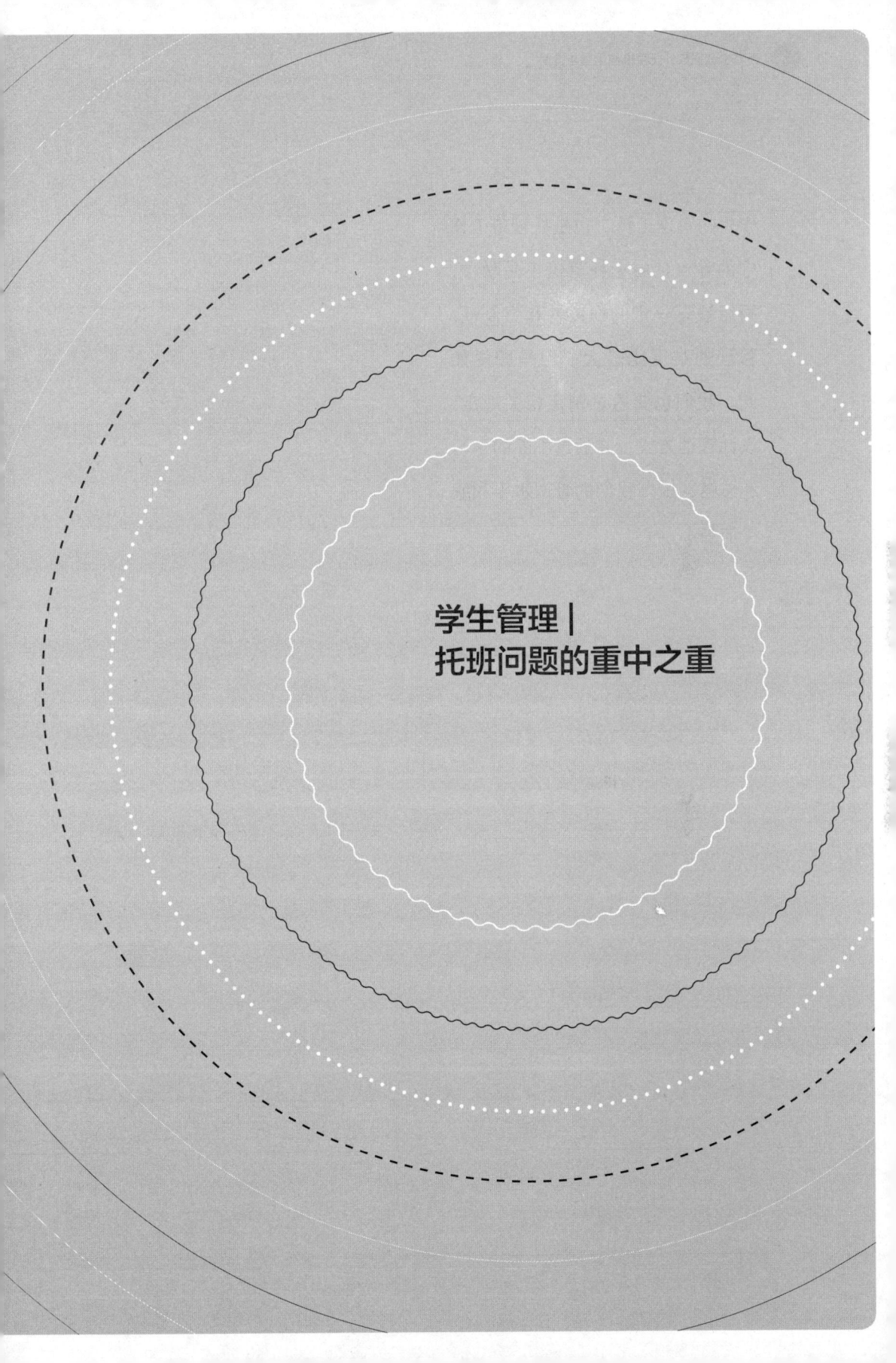

学生的管理工作,也是托管班工作中的难点。由于托管班不是学校,所以缺乏一定的权威性和强制性,管理的难度比较大。但是即便如此,我们也要通过制定相关规定、设计管理方式,并通过不断的学习和总结,提高我们的管理水平和服务质量。

招生工作是管理的前奏

招生工作是托管班的命脉之所在，有充沛的生源，才能保证托管班能够顺利地发展壮大。每年开学季，都是托管班管理者最激动也是最忐忑的一个时间段，激动是因为这是招生最好的时机，忐忑是因为万一招生不顺利该怎么办。

在招生过程中，托管班管理者很可能会遇到如下情况：发传单被无情拒绝；明知道对方可能有需求，但却不好意思开口；网上宣传没少做，但是效果却非常一般；有时候就连加家长微信，都不是很容易实现。这些情况，很容易给托管班的管理者造成心理上的打击。但是我们千万不能遇到一点挫折就气馁，既然选择了这一行，就一定要想办法打开思路，努力找到出路。

关于招生，首先我们一定要有战略上的重视，因为招生工作涉及策划、特色展示、招生话术、招生工具、招生方式、人员配备等方面。其中任何一个方面做得不好，都有可能会影响招生工作的顺利进行。

实际招生工作可以分五步走。

第一步，客户知晓。可以通过发传单、拉条幅、摆展架等传统方式进行，同时也要积极地添加家长的联系方式，在目标客户比较密集的网络空间进行宣传。

第二步，客户参观。对于托管班来讲，只有上门参观过的客户，才有可能成为最终的客户。所以在客户知晓了你的消息，并且表示感兴趣之后，一定要及时带领家长到机构参观，参观过程中介绍机构的优势和特色。

第三步，客户报名。我们争取让客户在参观之后就积极报名，但同时也要清楚，报名不等于成交，它只是一个意向而已。

第四步，做好回访。对于已经报名的客户，我们要加强回访，并进一步提出自己的优惠政策，以此来吸引客户正式交款。

第五步，客户满意。大部分托管班，都有一个"体验期"，就是说，虽然家长交了钱决定让学生来你这里，但是如果在一段时间内不满意的话，他们还是会终止合作。所以最后一步，就是让客户满意，而且这一观念，需要贯彻到托管班全部的运营理念中。

第六步，客户介绍。乔·吉拉德在商战中总结出了"250定律"，他认为每一位客户身后，大约有250名亲朋好友。如果您赢得了一位客户的好感，就意味着赢得了250个人的好感！这就是我们所说的转介绍，对于托管班来讲，"熟客宣传"是最好的招生方式，客户对潜在客户说一句好话，胜过你自己夸一万句。所以，你一定要通过让客户满意，来增加客户为你宣传的意愿。

上面所介绍的，是一个基本的思路，下面我们就来详细说一下招生过程中每个阶段我们需要注意的一些细节。

在宣传阶段，先要确立招生日期和具体时间，招生地址以及人员的分工。这个时候是最需要用人的阶段，所以可以请一些兼职人员到场，来增加托管班的声势。

宣传阶段还可以搞一些招生活动，比如限时优惠活动，即在活动期间报名的话，可以给客户一些优惠；还可以搞一些体验活动，比如付100元可以来托管班体验一个星期，这样既增加了客户的关注度，又打消了客户的顾虑——担心万一交了钱，过一段时间自己后悔了怎么办？那我们就干脆给他们一个后悔的机会，一个星期100元，价格不贵，到时候不满意可以离开，客户也不会损失太多。事实上，只要客户愿意来，最后后悔的情况是很少的。

首先，活动地点的选择，最好选在学校附近，而活动时间最好选择学校开学当天以及之后的一两天。

在举行活动的时候，可以让员工统一着装，看上去比较显眼，也显得更加正规。同时，还要提前做好相应的分工，比如发宣传单的人员、摊位上宣传的人员、负责引导家长参观的人员、在托管班里负责接待和讲解的工作人员，等等。如果分工不明确，人一多就容易乱，会影响招生的效果。

前面我们提到了，在招生过程中，参观是非常重要的一环。家长来参观的时候，最好让最了解托管班情况、口才最好的员工去接待，并给予他一定的"定价权"，这样才能充分发挥引导员的作用。

参观过程是客户进行决策的一个重要环节。假如有客户当时没有表明态度，或者明确表示还要再考虑考虑，那么一定要告诉他活动截止的日期，并且把限时优惠政策再强调一遍。

如果家长当时就有意向，引导参观的人可以先让家长支付一定的定金，为了让家长支付定金，可以推出一个付定金享受优惠或者付定金送礼物的政策。如果家长带着孩子一起来，千万要记住送给孩子一些小礼物。对于孩子来讲，礼物是最有吸引力的，家长见孩子高兴，他们也就愿意与你合作了。

此外，在招生过程中，我们还需要安排一个专门负责进行电话咨询的人员。口齿清晰，最好声音悦耳一些，在接打电话的过程中，一定要情绪饱满。因为人与人通过电话沟通的时候，由于看不到对方的表情，所有的情绪都是通过声音传播的，如果情绪不饱满的话，很容易给人一种爱答不理的感觉。

接通电话之后，首先要主动报出自己的单位名称。有些人接到电话，第一句通常是"你哪位"？对于普通人来讲，这是没问题的，但是对于企业的咨询人员来讲，这样的语言是很不专业的。不要问对方是谁，而是要主动告诉对方自己是谁，这样才能赢得客户的信赖。

接到电话之后，不要以说服对方同意合作为第一目的，而是要尽量想办法说服对方来参观。这样能让对方比较好接受，也能够进一步提高对方对托管班的信任感。而且事实上，想通过一通电话就敲定客户，是基本不可能的，只有客户愿意上门参观了，才能更加有效地达成合作。

在向客户介绍托管班时，一定要站在客户的角度，挖掘他们的需求，了解他们的犹豫，从学生的时间成本、精力成本、财力成本等方面出发，让客户认为把孩子送到托管班，对自己对孩子都是有利的。

招生阶段虽然不能保证让每个家长都成为最终的客户，但是我们也要尽量留下家长的联系方式，以便将来做电话营销或电话回访时采用。

最后，我们千万不要把招生看作是一个阶段性工作，其实，我们每一天的具体工作，都是在为招生做准备。为什么这么说呢？道理很简单，如果能让学生留下来，就会减少托管班日后招生的难度和工作量，所以持续地提供让家长和学生满意的服务，就是最好的招生方式！

很多托管班都会面临学生流失、学员不续费的难题。这个时候，一定要先检讨自身的工作哪里做得不到位。在客户提出终止合作的时候，我们一定要先问一问对方出于何种原因？对托管班哪些地方不满意？一是可以通过这种方式来寻求改进的方法，留下客户；二是可以在不断的总结和积累中，提高自己的服务水平。

以"托管协议"作为管理依据

在学生加入托管班之后,我们要和家长签订一个"托管协议",这个托管协议,不仅是托管班与家长之间的一个契约,更是日后按照托管班的章程管理学生的一个重要依据。所以,我们要在协议中体现出这方面的意图来。

那么,托管协议如何制定呢?我们不妨具体来说一下。

首先,我们作为甲方,家长作为乙方,在开篇的时候就要说明:"乙方为方便子女接受教育,经考察决定现将子/女(学生信息见上)交由甲方托管。为明确双方权利和义务,引起对学生安全问题的重视,经双方平等协商,达成协议如下。"

这个开头就是说,在家长和托管班的合作中,不仅托管班有相关的义务,家长也有应尽的责任。在开篇语结束后,就要把相关的责任和义务罗列清楚。

第一条,明确托管班的义务和责任。

甲方在本协议约定期间,负责为学生提供安全的进餐、学习、休息和娱乐的场地,并且对学生负有安全接送、看护及教育管理的责任。

通过这一条协议，明确了我们托管班的责任和义务，也明确了我们的工作范围。如果日后孩子在我们工作范围之外发生了一些状况，那么是不归我们负责的。所以，起草这一条的时候，一定要明确自己的责任，从自己的实际情况出发，对责任范围进行明确的界定。

第二条，进一步具体明确托管班的工作方式。

首先，我们要写清楚托管的时间段，比如"从中午12点放学到下午2点开学这段时间，由托管班负责学生的安全接送。"

其次，要把我们的托管内容写到其中。例如"托管内容具体如下：1.安全接送学生入托返校；2.甲方提供具备安全、健康标准的餐食，包括餐具的清洁消毒，饮品、食物及进餐环境的安全卫生；3.甲方必须保证学生在托管中心各活动区域的安全，避免火、电、利器、重物、高空潜在危险等对孩子造成伤害；4.甲方有义务为学生提供符合安全、卫生标准的学习娱乐条件，保证托管场所、教学设备、运动器材的安全性。"

以上这四点，是我们的义务，但是与此同时，我们也要在托管协议的第二条中，说明自己的权利。比如，有权利制止学生在托管期间擅自外出；有权利阻止学生从事危险活动；有权利禁止学生食用外来食品，等等。

除了明确托管班的义务和权利之外，我们也要在这一条明确家长的义务。比如，如果孩子没有上学，家长有告知的义务；对于违反托管班规定的孩子，家长有配合教育、提醒的义务；家长有向学生说明托管规定的义务；如果学生损坏了托管班的相关设施，家长有照价赔偿的义务，等等。

除了明确双方的权利和义务之外，第二条中还需列明一些具体的"免责声明"，比如：如果孩子没有按照规定出校，托管班通知家长，并得到家长确认后，孩子出现其他问题，托管班不承担相应责任；如果孩子在外擅自饮食，发生食品安全问题，托管班不承担相应责任，等等。总而言之，我们要在托管协议的第二条，把双方的责任和义务都写得明明白白。

第三条，明确合作的委托期限。

托管班协议的第三条，我们要明确托管的时间。可以这样写："每学期开学缴费入托之日起××至××本学期期末考试结束之日止。"

第四条，明确学生的健康情况。

托管班协议的第四条，要确定学生的健康状况，提醒家长，如果学生身体有健康问题，要及时告知托管班。可以这样写："如学生患有传染性疾病或有急性疾病史，乙方需及时向甲方通报情况，甲方有权根据学生病情做出合理处置或拒绝乙方在学生生病期间参加托管。"

第五条，保证双方遇到问题实时沟通。

托管协议的第五条，要用来保证双方的沟通顺畅，因为对于托管班来讲，和家长的顺畅沟通非常重要，如果在重要时刻联系不到家长，可能会发生意想不到的严重后果，为了避免相关风险，我们要在协议中说明："甲乙双方在托管期间应当保证基本通信设备的畅通，乙方如果发生接管学生时间、地点的临时变更或时间的延迟应及时通知甲方，甲方交接学生时应给乙方留有合理且必要时间，在此期间甲方仍然负有监管义务。"

第六条，对主要监护人做出确认。

托管协议的第六条，要对主要监护人作出规定。因为托管班需要对每一名监护人进行确认，这样才能避免孩子被冒领的现象。协议中可以这样写："乙方指定每天到托管班接学生回家的监管人临时发生变更，乙方应提前电话通知或者当面告知临时监管人的相关信息，甲方在接到上述信息后在核对无误的情况下，方可将学生交接给乙方临时变更的监管人。"

第七条，明确解除协议的相关问题。

最后一条，要用来明确协议解除时的一些细节。因为在协议解除的时候，会出现一些意想不到的问题，所以一定"用协议规范协议"，可以这样写："1. 乙方解除本协议的，需提前一天通知甲方。2. 甲方解除本协议的，需提前一天通知乙方，并保证将学生安全交付给乙方。3. 乙方学生离校转学，不再符合托管条件，或已到协议终止日期，甲方有权自动解除本协议。"

以上为起草托管班协议的具体思路和具体示范，希望每一个规范运营的托管班，都能给家长提供一份规范的协议，并通过协议来明确双方的义务和权利，厘清彼此的责任和担当。

监督学生写作业要讲究技巧

　　托管班有一个非常重要的职能，就是监督孩子写作业。不要小看这一职能，它既是我们工作中的重点，也是一个难点。现在的孩子课业压力比较重，基本上每天都有作业，托管班的老师在担负起辅导、检查孩子作业的职责时，也会觉得压力不小，而且，托管班老师毕竟不是孩子的任课教师，所以我们的权威性和强制性都不够强。因此，托管班老师在辅导和检查孩子作业的时候，要讲究一些技巧。

　　很多人把监督学生写作业想得太容易了，认为只要给学生提供一个好的环境，然后他们就会安安静静地把作业写完。事实上，这只是一个"梦想"，在大多数情况下，一些刚刚开业的托管班，由于管理者缺乏经验，所以学生的"秩序"是非常混乱的——打打闹闹、相互影响，就是不愿意写作业。

　　所以，如何监督学生写作业，就成为托管班管理者最需要掌握的一项技能。很多有了一定工作经验的托管班老师认为，"孩子们的作业是个老大难问题"，这并非没有道理，因为托管班的学生来自不同年级、不同班级，甚至可能不同学校，彼此之间的差异非常大，而且他们对托管班老师缺乏敬畏，不容易管教，这一定会增加托管班老师的工作难度。

为了更好、更轻松地完成这项工作，托管班老师可以从四个方面着手。

第一，统一登记作业。

当孩子们来到托管班的时候，我们要把他们的作业进行登记，写到一个统一的本子上，这样方便后期核对每个孩子的作业。

第二，要在巡视中找到问题。

学生开始写作业时，托管班的老师不要长时间坐在原地不动，一定要在教室多"巡视"，一是可以检查孩子的书写情况和坐姿，提升教师的权威感，二是可以监督孩子们认真写作业，不要开小差。

孩子们写作业的时候，托管班老师每隔一段时间就要观察一下，看他们写得对不对，如果发现错误，及时指出来。

第三，设计积分，小组长管理纪律。

写作业的时候，一个孩子不专心，就可以带动第二个，最后全班的孩子都乱套了。为了让孩子能踏实地写作业，我们可以设置积分制度，谁的作业写得快，正确率高，就给谁一个高分。然后让获得高分的同学，去担任纪律委员，管理班级纪律。

如果发现孩子们不遵守纪律，老师可以进行提醒，第一次被提醒不扣分，第二次被提醒扣 3 分，第三次被提醒扣 10 分，老师还要找他们谈话。对孩子来讲，谈话的内容本身不重要，谈话本身就已经形成了"威慑"和惩罚。最后，我们可以每个星期给积分最高的学生一个专属于他的礼物。

第四，三种形式检查作业。

托管班的老师在检查作业的过程，要负责帮助学生改正他们的问题。第一次检查发现问题，交给学生改正，改正之后，老师再检查一次。如果没有问题的话，就签字合格。

检查作业有三种方式，第一种是老师细致检查，需要对学生的作业逐字逐句地进行批改。第二种是让学生自查。如果他们能够发现自己的问题，就要及时改正。第三种是让学生互查。孩子们相互检查作业，他们会觉得这件事情很好玩，很有竞争性，所以在写作业的时候会很认真，查的时候也很仔细，一般来讲效果非常好。

总的来说，监督学生写作业，首先要做的就是立规矩。如果你的托管班没有规矩，那么学生怎么做都是对的，他们的自控力和主动性都未达到成人的水平，所以，他们自然更愿意玩耍、打闹，不愿意写作业。

立规矩只是第一步，规矩如果仅仅写在纸上，挂在嘴上，也不会有什么作用。随着规矩一起出现的，还要有奖惩措施。比如，可以把写作业时间内不容许做的事情都列出来，然后规定：在教室吵架扣3分，写作业期间随意走动扣1分，交头接耳扣1分等。每个礼拜都把学生最终的分数拿出来宣布一下，并告知他们的家长，让学生知道什么事情是可以做的，什么事情是不可以做的。

实事求是地讲，托管班想要立规矩之所以比较困难，就是因为奖惩措施的强度比较"弱"，现在的学生独立性和自主性都很强，托管班毕竟不是学校，想要把学生管住就更难了。但即便如此，我们还是要根据实际情况，设立一些与托管班性质相匹配的制度，来鼓励孩子们认真写作业。

比如，我们可以根据评分，每半个月发一次礼物。分数比较高的学生，可以得到相对比较好的礼物，分数一般的学生，得到一般的礼物，分数最差的学生没有礼物。在发礼物的时候，我们要保证百分之八十以上的孩子都能得到礼物，因为奖励大多数其实不是我们真正的目的，"惩戒少数"才是我们的目标，没有礼物，也是一种惩戒。

在发礼物的时候，也要拍照发到朋友圈，并且在家长群里重点表扬那些用心写作业的孩子。换句话说，就是要让评分"更有仪式感"一些，这才能引起家长和学生的双重重视。通过这种方式，可以让一部分不愿意好好写作业的学生，也能够为了得到礼物而转变观念，这样一来，托管班的秩序就会好很多了。

可能有些人觉得每半个月发一次礼物，会增加企业的成本，但实际上，金钱是成本，管理也是成本，如果能用金钱成本的增加换来管理成本的减少，其实也是一笔合算的买卖。在实际的运营中，由于大部分学生都能定期得到礼物，家长和孩子都会很有获得感，所以你将增加的这部分成本放到收费中，他们也不会太反感。

在监督孩子写作业的时候，还有一个现象经常发生：学生不知道当天的作业要求，或者故意瞒报作业要求。遇到这种情况，最好的办法就是与家长达成一个共识，让家长把每天学校布置的作业发到微信群里。这样家长会觉得托管班做事认真负责，托管班老师也更容易监督孩子们写作业了。

此外，还可以做一个《作业完成情况记录表》，记录每个孩子每天作业完成的情况。这属于信息采集的一种，不要小看这个记录表，它甚至可以体现出学生一个阶段以来的学习、思想变化情况。以这个记录表为基础和家长沟通，可以提高家长对做作业这件事情的重视，也可以更有针对性地向家长反映孩子们的学习情况，一举多得。

很多托管班害怕家长产生"布置的任务太多了"的想法，其实，不要有这方面的担心。对家长们来说，没有什么事情是比孩子的学习成绩更重要的，只要是为孩子着想，他们是会给予理解的。有些家长会比较挑剔，这时候如果我们能把工作做得细一点，比如把《作业完成情况记录表》这样的事情持之以恒地执行下去，反而会让这些挑剔的家长无话可说、充满信任，这对于我们的工作是非常有好处的。

如何带领孩子安全做游戏

　　严格来说，托管班不是游乐园，但孩子毕竟是孩子，爱玩是他们的天性，我们不可能禁止他们玩耍。我们能做的，就是要保证他们的游戏安全，让他们安安全全游戏，开开心心回家。

　　游戏和运动对于孩子的成长有着至关重要的作用，游戏不仅能促进孩子身体发育，还有利于孩子大脑发育。但是，由于儿童身体的组织和功能都没有发育成熟，而且自我保护意识比较薄弱。所以，当学生在托管班玩耍的时候，管理者和老师都要非常注意，以防他们在游戏中受伤。而且，我们也很有必要教会孩子们一些运动和游戏中的安全防护知识，提高他们的自我保护能力。

　　孩子们做游戏的时候，我们一定要再三向他们强调安全的重要性，随时提醒他们游戏中可能存在的安全隐患。

　　有时候，大人会以自己的经验，去衡量孩子们的行为，觉得"这么简单的游戏，应该不会出什么问题吧"。这是非常危险的，你认为简单的事情，对于孩子来讲可能是一个挑战，而且孩子们对于这种挑战也非常热衷，如果你不去干预、指导，万一出现了问题，就可能威胁到孩子的安全。

在提醒学生注意安全的时候，我们要做到心平气和，不要大喊大叫，更不要一惊一乍，这样非常容易让学生感到恐惧，留下心理阴影；也有可能会一下子"惊"到他们，反而增加了发生意外的可能。

在托管班里，最好不要让学生自由游戏。我们可以安排好一个游戏时间，让学生在老师的指引下，做指定的游戏。在游戏开始之前，我们要耐心地告诉他们游戏的具体要求，并且亲自予以示范。如果游戏中需要用到游戏器材，我们要提前检查游戏器材是否安全，另外要教会学生具体的使用方法。

还有一点非常重要，我们要把游戏器材可能带来的危险性展示给学生。例如跳绳的时候，可以先告诉他们，每个人之间要保持一定的距离，因为跳绳非常坚韧，稍不注意就有可能抽到别人，甚至会造成严重的伤害。

我们不建议托管班带着学生到户外游戏，但如果家长与学生都有这方面的要求的话，托管班的老师就要特别注意安全方面的问题。因为孩子一到户外，就如同鸟归山林，这时候老师能够有效地维持秩序，让每一个孩子都按照要求去活动，就显得非常重要了。另外，特别注意禁止学生接近不熟悉的游戏器材，阻止孩子进行危险程度比较高的游戏。

总而言之，游戏是孩子的天性，但是保护孩子的安全是我们的职责，我们一定要忠于职守，才能更好地释放孩子的天性。

托管班的提升与创新

新创办的托管班，负责人通常会面临一个最初的"挣扎期"——自己的托管班生意惨淡，别人的托管班却经营得热火朝天。面对这种情况，其实不用着急。凡事都需要在实践中提高，我们所要做的，就是在经营过程中，不断地总结经验和教训，拓宽自己的视野和思路，从而掌握托管班的管理技巧。简单来说，在托管班遇到瓶颈的时候，我们需要从几个方面来积极应对。

第一，树立正确积极的心态。

凡事从心，心态在很多时候其实可以发挥决定性的作用。很多人在创业之前一腔热血、壮志凌云，但是在创业过程中遭遇了一些困难，就会一蹶不振、垂头丧气。这就属于一种负面心态。在遇到问题的时候，我们不要让负面情绪占领高地，而是要积极地想办法、找出路。

第二，想办法创新经营模式。

托管班是个小生意，但是它是一种需要与学生、家长打交道的经营活动，这就注定托管班的运营要比想象中更加困难。在工作过程中遇到阻碍，我们要想方设法地创新托管班经营模式、增加宣传推广渠道、研发或引进教学产品等来提升市场竞争力，解决眼前的危机，提升自己的管理能力。

第三，及时对课程进行调整。

关于课程的设置，刚刚开始创办的托管班没有经验，遇到一些问题也是在所难免。很多托管班课程非常单一，缺乏卖点。托管班在经过一段时间的摸索和总结之后，要及时在课程上作出调整，挖掘出与众不同的课程模式，这样才能让自己的托管班在众多竞争者中脱颖而出。

可能很多托管班的管理者会认为，托管班就是以"托"为主，课程不过是点缀，并不十分重要，这种想法是片面的。确实，大部分家长把孩子送到托管班的原始目的就是"托"，但随着越来越多的托管班开始重视课后补习的功能，这也渐渐成为家长的习惯诉求。如果其他托管班有很好的课程设置，而你却没有，就会在竞争中落后。

况且，补习作为拓展托管班业务范围、增加托管班收入来源、充分利用托管班资源的一个"项目"，如果不加以利用的话，就太可惜了。当我们的托管班步入正轨之后，我们就可以慢慢将"补习"列入托管班的课程内容，有优质资源的托管班还可以考虑开设艺术班、英语班、口才班等附加的课程，构建更加完善的课程体系。

第四，不断提升服务标准。

随着托管班逐渐走向正轨，我们也要不断地提升自己的服务标准。服务行业，是个非常注重"交互"和"沟通"的行业，很多细节性的服务可以极大地提升客户的消费体验。而且这些细节性的服务，如果不亲身体会，是很难空想出来的。

所以，当我们的托管班开设了一段时间之后，我们就要在工作中总结出一些可以提升服务质量的"细节"，并加以实施。做好细节，可能不需要增加投入成本，但是却能起到良好的效果，有效地提升托管班的服务质量。

细节的提升可以体现在很多方面，比如，每天饭前给孩子量一次体温、送孩子到学校的时候将孩子进校门的场景录下来发给家长等，这些事情其实就是多费一些心思而已，不会增加你的实际成本，但是却能赢得家长的信任，让自己在经营上更轻松。

总而言之，在托管班经营的过程中，经营者要敢于创新，不要一味跟风，要注重教学质量，用心提供优质服务，打造属于自身的品牌特点。

附录：托管班招生简章（范本）

这里有着家一样温馨的环境，拥有专业优秀的教师团队。丰富的课程涵盖了四种教育：感知教育、智商教育、情商教育、创造性教育。赶快加入吧！我们的课程安排会为您的孩子带来享之不尽的快乐成功！

在托管班内，班级老师将重点进行作业辅导，兼顾奥数、牛津英语的辅导，培养孩子良好的行为习惯，激发孩子的兴趣、爱好，孩子们不仅能在一个安全舒适的环境中合理安排学习、娱乐时间，劳逸结合，快乐成长，更能自主选择参加丰富多彩的趣味学习和愉快的户外活动，让孩子回归自然，用心去感受大自然，了解科技，参与实践，会让孩子快乐健康地度过美好的一天。

我们的目标是不辜负您的托付，我们的使命是为孩子度过轻松快乐却又满载收获的每一天。

一、托管特色

1.给每个学生建档，了解学生基本情况，根据学生的个性化差异发掘其潜力进行培养，并制定一套切实可行的学习方案。

2. 对学生的学习课程进行辅导并对学生的学习方法及习惯进行引导，对课外课程进行强化。

3. 固定时间进行课外兴趣课程，培养学生各方面能力。

4. 定期的系统复习和考前特训让孩子掌握好知识的同时考出好成绩。

5. 每天在家校联系本上有我们给您的回执，请您写下宝贵的意见，促进我们不断完善托管流程。

6. 公寓式教学环境，设施完善，氛围温馨，让学生有一个轻松快乐的环境。

二、平时课后托管小学生

托管时间：周一至周日中午放学到下午上学

招生名额：30人

招生时间：11月15日开始（前3天免费试上）

托管费用：面议。（免费提供教材，需要提供晚餐者价格另议）

托管班地址：××市××花苑4栋2单元

联系人：×老师

联系电话：×××××××××××

第五章

饮食问题 |
合理膳食是
托管班的核心优势

现在的孩子生活条件好，饮食上的选择多，所以对于食物也往往比较挑剔。如果托管班不能满足孩子基本的"口腹之欲"，那么就很难做到让孩子满意、让家长满意。相反，如果托管班能在饮食供给上做到健康、美味、安全，就能使自身更有竞争力和美誉度。所以，我们一定要把托管班的"餐饮服务"，放到一个比较重要的位置上去。

学龄儿童的营养需求

对于成年人来讲，营养需求是比较固定的。但是孩子们不是这样，他们的每一个成长阶段，都有一些特定的营养需求。托管班的孩子大都是学龄期儿童，年龄在7~12岁之间，那么，这一时期的儿童，在营养的需求上又有哪些特点呢？

首先，学龄期儿童对于热量和蛋白质的需求量很大。

可能人们不知道，学龄期的儿童对于热量的需求量在单位体重内甚至比成人还要高。一个7岁男童，体重22千克约为成年人的三分之一，但是热能供给量却为7.5兆焦耳，相当于成年人的四分之三。

7~12岁，整个发育周期里对热量的需求非常大，但是由于他们的消化能力尚不完善，所以要适当给他们提供一些高热量的东西，比如糖分、碳水化合物等。有些家长喜欢用自己的饮食标准来衡量儿童，认为孩子那么小，不能吃高热量的东西，但实际上，如果孩子的热量需求得不到满足，他们就会不自觉地减少活动量，生长发育和学习能力都会受到影响。

除了热量之外，这个年龄段的孩子们对蛋白质的需求也较高。7岁男童的蛋白质需求量为 60 克，和一个成年人的需求量是相同的。所以，给孩子们多吃一些肉，多吃一些鸡蛋，多喝一些牛奶，是很有必要的。现在，不少年轻的家长越来越倾向于"素食主义"，在他们眼里，肉食往往代表"不健康"，多吃甚至是只吃蔬菜就是健康的。对于大人而言，这种饮食理念或许问题不大，但是对于孩子来讲，这是不科学的。孩子成长发育过程中，如果仅仅吃蔬菜水果，可能会导致蛋白质的摄入量不足。所以，托管班一定要把这个道理向家长们讲明白，给孩子多提供蛋白质含量比较高的食物。

其次，学龄期孩子们对于矿物质、维生素的需求量也很大。

缺铁性贫血，是这个年龄段的孩子比较常见的一种病症。所以，托管班应该给孩子准备一些铁含量比较高的食物。动物性来源的铁较易吸收，比如说牛肉、羊肉等。此外，含铁量高的食物还有黑木耳、红枣、黄豆等。由于骨骼的发育，这个年龄段的孩子对钙的需求量也很大，所以需要补钙。另外，学龄期儿童在体力活动加剧、紧张脑力活动时，还需要加强 B 族维生素中硫胺素、核黄素和烟酸的供给。

如果问家长，最希望托管班给孩子提供什么类型的食物？"可以补脑的食物"，一定是最普遍的答案。孩子正在成长期，身体消耗量比较大，而在人的身体器官中，消耗能量最多的就是大脑，幼童的脑组织每天消耗的葡萄糖量相当于整个身体（处于休息状态）的 66%，而整体能量消耗也要占到身体总能量消耗的 40% 左右！

然而，可能大部分人想象不到，在越吃越好的今天，很多孩子其实依然处在营养不良的状态中。想要改变这一状况，只靠托管班自己的力量是不够的。对于那些营养不足的孩子，托管班应该主动与其家长联系，商议相应的膳食计划，多给孩子们吃一些可以补脑的食物，才能为大脑提供足够的能量。而且，由于孩子们在学习中需要大量用脑，多吃一些补脑食物，也有助于帮助他们提高学习效率，增强学习效果。

那么，什么食物可以有效补脑呢？

美国营养师协会的几位营养学家共同推荐了适合儿童的 10 大食品，具体如下：

鸡蛋。鸡蛋中含有大量的蛋白质、脂肪、维生素和铁、钙、钾等人体所需要的矿物质，这些营养物质都是神经系统所需要的"能量"。另外，鸡蛋中还有大量的卵磷脂，可以帮助神经信号的传导和记忆的发育。

牛奶与酸奶。儿童阶段是身体以及智力发育非常重要的时期，所以需要很多的营养，以满足发育的需要。牛奶与酸奶中含有很多的营养物质，而且钙含量高，容易被人体吸收。此外，奶制品里有很多乳铁蛋白、烟酸以及维生素，可以增强抵抗力。需要注意的是，牛奶有镇静安眠的效果，应尽量避免影响到学习。而且牛奶不宜空腹喝，应该先吃些淀粉含量多的食物。

全麦食品。全麦食品中有大量的水溶性膳食纤维，它不含脂肪，热量低，富含复合碳水化合物，而且含有大量的营养素，如 B 族维生素（叶酸、烟酸等）、维生素 E、钾、硒和铁等，对孩子的生长发育大有好处。

燕麦。燕麦含有碳水化合物、脂肪、蛋白质、纤维素及维生素 E、烟酸、核黄素等多种维生素，以及镁、钙、铁、锌、钾、磷、钠、硒等矿物质，这些营养可以让思维更加敏捷。因此，燕麦片作为一种健康的食物越来越受人们的喜爱，它不仅可以当早餐，也可以当零食，还可以与其他食物搭配同食。燕麦虽然营养价值高，但也有其食用注意事项：一次不宜吃太多，尤其是内火旺盛，肝肺热燥者。燕麦的口感不甜，所以很多孩子不喜欢。而麦片是多种谷物混合而成，燕麦只占一小部分甚至不含燕麦，且为了口感添加了麦芽糊精、奶精、香精等，患有消化系统疾病的孩子不宜多食。

花生。花生中含有大量的维生素 E，这是一种有效的抗氧化物，可以保护神经膜。另外，花生中还有硫胺素，可以帮助大脑和神经系统利用葡萄糖生成能量。

三文鱼。三文鱼富含不饱和脂肪酸、蛋白质和维生素 D 等，最值得一提的是，它富含 ω–3 脂肪酸。研究证明，这种脂肪酸对心脏有益，还能增强记忆，改善情绪。

瘦牛肉。瘦牛肉中含有大量的铁，而铁元素能够让大脑保持一个比较活跃的状态，所以孩子多吃瘦牛肉的话，他们的思维会更活跃，精力比较容易集中。与此同时，牛肉也含有锌，锌有助于记忆力的提高。和瘦牛肉功能相近的食品还有羊肉等。

豆类。豆类富含蛋白质、碳水化合物等营养物质，民间自古就有"每天吃豆三钱，何需服药连年"的谚语。这些营养成分都是支持大脑运转的必要物质。

彩色蔬菜。蔬菜家族是"五彩缤纷"的。由于所含色素不同，不同的蔬菜有不同颜色，绿色是叶绿素，黄色是胡萝卜素，红色是番茄红素，紫色是花青素……不同颜色的蔬菜，普遍含有维生素、矿物质、膳食纤维和植物化学物，且能量较低，能增进食欲，帮助消化，对于满足孩子微量营养素的需要、保持孩子肠道正常功能以及降低慢性疾病的发生风险有重要作用。

莓果。莓果包括草莓、樱桃、蓝莓、红莓和黑莓等。莓果拥有高强度的抗氧化剂，除了补脑之外，还可以预防癌症。

对于托管班来讲，我们不仅应记得给孩子"补"，在必要的时候，还要想到给孩子"减"。对于那些偏胖的孩子，托管班也应该给出相应的膳食计划。

现在，如果到学校中去看一看的话，你会发现，"小胖子"越来越多了。如果你的托管班恰巧就有"小胖子"，一定要与家长商量一下，制订一个科学合理的膳食食谱。

为"小胖子"提供膳食，要遵循三个规律：

首先，监督他们规律进餐。

有些孩子零食不离口，到了吃饭的时候也照吃不误。对于这部分孩子，托管班应该规定好进餐时间，不能让他们在托管班里时时刻刻都在吃。因为一个人吃零食，就会带动所有人一起吃。食欲旺盛的孩子，吃了零食之后一点儿也不影响吃正餐，容易造成摄入超标。而那些食欲一般的孩子，吃了零食之后又不愿意吃正餐了，会给托管班的管理造成一些麻烦。所以，最好的办法就是与家长商量好，给孩子们制定一条规矩——在托管班里，除了托管班提供的膳食和零食之外，不要吃其他零食。这样，就可以帮助孩子们减肥了。

其次，不喝含糖饮料。

糖分的过量摄入，是造成肥胖的重要原因之一。所以托管班应该禁止孩子喝一些含糖高的饮料。

最后，不要暴饮暴食。

托管班提供的餐食，应该是定量的。这一点要提前与家长沟通好，并获得他们的支持。有些孩子食量比较大，而且遇到自己喜欢吃的东西容易暴饮暴食，这不仅会导致肥胖，还可能因为一餐吃得太多，引发一些其他的急性病。所以，托管班一定要定量提供餐食，不能任由孩子"胡吃海塞"。当然，这里所说的定量，并不是一个刻板的数量，而是要根据每个孩子的实际情况进行定量。假如一个孩子今天上午参加了体育活动，消耗非常大，你还给他制订和其他孩子一样的饮食规划，那肯定是不恰当的。

食品安全永远是第一位的

不少学校和托管机构都发生过孩子食物中毒的事件，有些事件中，由于校方或托管机构没能及时有效地应对，导致了令人遗憾的严重后果。如何防止孩子食物中毒，保证食品安全，这是每一个托管班管理者必须清楚的事情。

有些人认为，食物中毒就是因为吃了有毒的食物才出现的，这其实是不对的，很多我们平时看起来健康安全的食物，有时候也会引起食物中毒。下面，我们就来盘点一下，托管班中常见的几种食物中毒现象：

第一，生豆浆中毒。

关于饮用过未煮熟豆浆所导致中毒的报道屡见不鲜。生豆浆中含有胰酶抑制剂，它能抑制人体蛋白酶的活性，影响蛋白质在人体内的消化和吸收。当豆浆加热到90℃时，会出现假沸现象，此时，生豆浆中所含有的有毒物质胰酶抑制剂并没有被完全破坏。这样的生豆浆长期食用会引起胰腺的肿大。专家提醒，豆浆必须在沸腾之后，再煮15到20分钟（保守数值也应当在10分钟）饮用才安全。大豆最好在浸泡或者略微萌发之后再磨浆，比干豆磨浆更有利于营养物质的消化吸收和抗营养物质的去除。

豆浆中毒的症状主要是恶心、呕吐、腹痛、腹胀，有的腹泻、头痛，大部分情况下，豆浆中毒都是可以不治而愈的。所以如果孩子出现了以上症状，又恰巧在一个小时之内喝过豆浆，那么就可能是豆浆中毒。

生豆浆中毒是常见的食物中毒之一。那么对于生豆浆中毒应该如何自救呢？如果中毒时间不久，毒物未经吸收，可以考虑催吐的方法进行治疗。简单的方法是用筷子等工具刺激咽喉来达到催吐的作用。如果进食时间久，可以通过洗胃导泄的方法进行治疗，同时，还要进行对症治疗，减轻出现的不适症状。

第二，豆角中毒。

生豆角中含有皂甙和豆素两种耐高温的毒素，所以在烹饪加工时，如果方法不正确，例如烹煮的温度不够高或者时间不够长，毒素会分解代谢不完全，往往导致进食者出现中毒症状。在吃豆角之后约半个小时到五个小时，孩子有可能会出现恶心、呕吐、腹痛、腹泻、呕吐，与此同时，孩子会感到头晕、头痛、出冷汗，甚至会四肢麻木，如果不能得到有效的医治，症状甚至会持续一两天。为了避免豆角中毒，在烹饪豆角的时候，一定要熟透才可以给孩子们吃。

豆角中毒后最主要的是要清除毒物，可以通过催吐、洗胃的方法来减少后续毒物的吸收，同时可以通过补液促进有毒物质的排泄。

第三，发芽的土豆中毒。

土豆中有一种物质叫龙葵素。在正常土豆中，龙葵素的含量非常少，但是当土豆发芽、皮肉变绿之后，龙葵素含量会大大增加，而且这种物质的毒性很强。龙葵素中毒之后，一般多以消化道症状为首发，患者可以表现为恶心，呕吐，腹痛，腹泻等急性胃肠炎症状，与此同时，患者还会出现头晕，头痛，乏力等症状，重症患者可出现昏迷抽搐甚至死亡。儿童对龙葵素毒素非常敏感，摄入后可能会导致孩子抽风、昏迷，后果非常严重。

土豆中毒多发生在春季及夏初季节，原因是天气潮湿温暖，对土豆保管不好易引起发芽。预防土豆中毒的方法也很简单，就是绝对不吃发芽、变质的土豆，千万不能觉得以前人们经常吃这类土豆，也没有什么大问题，偶尔吃一顿没关系。对于托管班管理者而言，在安全问题上，绝不能有侥幸心理。

在临床救治方面，土豆中毒主要是早期催吐洗胃等治疗，减少毒素吸收摄入，并且针对并发症给予对症处置。

第四，亚硝酸盐中毒。

亚硝酸盐多存在于腌制的咸菜、肉类、不洁井水和变质腐败蔬菜等。部分新鲜蔬菜，如小白菜、青菜、韭菜、菠菜、甜菜、小萝卜叶等也含有较多的亚硝酸盐和硝酸盐。亚硝酸盐中毒主要是由于摄入过多或误服工业用亚硝酸盐而致，前者相对来说病情较缓和。如为后者引起的亚硝酸盐中毒则不但病情重，且起病快，一般来说，亚硝酸盐摄入 0.2～0.5 克即可引起中毒。亚硝酸盐可作用于血管平滑肌使血管扩张、血压下降，发生休克甚至死亡。

亚硝酸盐中毒的潜伏期长短不等，视摄入亚硝酸盐的数量、浓度而定。长者有 1～2 天，短者仅 10 分钟左右。通常中毒的儿童最先出现症状，表现为发绀、胸闷、呼吸困难、呼吸急促、头晕、头痛、心悸等。中毒严重者还可出现恶心、呕吐、心率变慢、心律不齐、烦躁不安、血压降低、肺水肿、休克、惊厥或抽搐、昏迷，最后可因呼吸、循环衰竭而死亡。

托管班亚硝酸盐中毒的预防措施应当有：

1. 妥善保存蔬菜，不吃腐烂变质的蔬菜；
2. 吃剩的熟菜不可在高温下长时间存放后再食用；

3. 不要食用大量刚腌的菜；

4. 肉制品中硝酸盐和亚硝酸盐用量要严格按国家卫生标准规定，不可多加。

一旦发生亚硝酸盐中毒，轻症病例无需特殊处理，嘱其休息、大量饮水后一般可自行恢复。对中毒程度重者，应及时送医院治疗。

第五，沙门氏菌中毒。

沙门氏菌指的不是一种细菌，而是一类细菌。沙门氏菌在外环境中的生存能力非常强。沙门氏菌在水中不易繁殖，但可生存2~3周，冰箱中可生存3~4个月，在自然环境的粪便中可存活1~2个月。沙门氏菌最适繁殖温度为37℃。沙门氏菌和大多数细菌一样惧怕高温，所以杀死沙门氏菌最好的方法就是高温加热。

沙门氏菌感染症为人畜共患感染性疾病，主要由食用遭受污染的食物导致，是许多国家和地区食物中毒的重要病源。典型症状包括发热、恶心、呕吐、腹泻及腹部绞痛等，通常在发热后72小时内会好转。婴儿、老年人、免疫功能低下的患者则可能因沙门氏菌进入血液而出现严重且危及生命的菌血症，少数还会合并脑膜炎或骨髓炎。

预防沙门氏菌中毒，首先要保证彻底加热，沙门氏菌比较害怕高温，通过加热可以有效控制沙门氏菌的数量；其次，肉类、蛋类、牛奶等动物性食品，一定要现吃现买，不可长期存放，更不可在常温下长期存放；再次，餐前、便后、接触食物前、接触动物或生蛋后应仔细洗净双手。

第六，鱼类引起的组胺中毒。

青皮红肉的海产鱼类，如青鱼、沙丁鱼、秋刀鱼等，容易引起过敏性食物中毒。主要是因为此类鱼含有较高量的组氨酸，组氨酸在某些条件下脱羧生成组胺。组胺有强烈的舒血管作用，并能使毛细血管和微静脉的管壁通透性增加，血浆漏入组织，导致局部组织水肿。组胺中毒的特点是发病快、症状轻、恢复快。潜伏期一般为 0.5~1 小时，短者只有 5 分钟，长者 4 小时，表现为脸红、头晕、头痛、心跳加快、脉快、胸闷和呼吸促迫、血压下降，个别患者出现哮喘。由于症状比较明显，所以容易引起孩子和家长的担心，一定要尽量避免。

预防组胺中毒，主要是防止鱼类腐败变质。食用鲜、咸的青皮红肉类鱼时，烹调前应去内脏、洗净，切段后用水浸泡几小时，然后红烧或清蒸，酥闷，不宜油煎或油炸，烹调时放醋，可以使组胺含量下降。

第七，变形杆菌中毒。

变形杆菌广泛分布于自然界中，如土壤、水、垃圾、腐败有机物及人或动物的肠道内。中毒食品主要以动物性食品为主，其次为豆制品和凉拌菜，多在夏秋季节发病，中毒原因为被污染食品在食用前未彻底加热。变形杆菌食物中毒是我国常见的食物中毒之一。

变形杆菌中毒，会产生腹痛、腹泻、恶心、呕吐、发热、头晕、头痛、全身无力等症状，并且可能会导致孩子发高烧。

为了防止变形杆菌中毒，我们应该做到以下几点：

1. 绝对不能采买发霉变质的食材；
2. 生熟食品最好分开，切生肉、熟肉必须要分开用不同的刀和案板；
3. 肉类一定要经过高温烹饪才可以端上餐桌；
4. 餐具及时清洗消毒。

第八，黄曲霉素中毒。

黄曲霉毒素是真菌毒素中的一大类，它于 1993 年被世界卫生组织的癌症研究机构认定为 1 类致癌物。黄曲霉毒素是已知真菌毒素中毒性和致癌性最强的，其毒性相当于等量氰化钾的10倍、砒霜的68倍，还是一种100℃高温烫20小时都杀不死的"怪物"。

黄曲霉素广泛存在于土壤和空气中，特别容易侵染花生、核桃等多种坚果，以及玉米、稻米、大豆、小麦等粮油产品；此外，在调味品（胡椒、辣椒及干姜等）、牛奶、奶制品、食用油等制品中也经常发现黄曲霉毒素。

黄曲霉毒素的理化性质相当稳定，在人体内不能降解，只能沉积在肝细胞中。当黄曲霉菌毒素沉积量超过人体的耐受力，便会引起肝脏的损伤，甚至诱发肝癌。那么，托管班该如何避免黄曲霉素中毒呢？

首先，不能给孩子们吃散装的、无品牌的陈年花生、瓜子等。如果吃到变苦的瓜子、杏仁等坚果，一定要及时吐掉并且漱口。因为瓜子等坚果的苦味，正是来自霉变过程中产生的黄曲霉毒素。经常食入，会增加肝癌风险。其次，久泡的木耳中也有大量的黄曲霉素，所以如果想要用木耳做菜，一定不要久泡。

以上就是托管班经常会碰到的，可能会引起孩子食物中毒的情况，在托管班的运营过程中，一定要做好预防工作，保证孩子们的健康饮食。

托管班食谱该怎样制定

对于托管班来说，学生们吃饭其实是头等大事。学生吃不好，自然不会愿意留在托管班；家长觉得学生吃不好，也会萌生退意。学生自己觉得没吃好，最大的原因是不合口味；家长觉得学生没吃好，最大的原因是因为觉得伙食不符合健康饮食的规范。所以，托管班的食谱难就难在既要好吃，又要营养。那么，如何才能做到二者兼顾呢？

我们来谈谈如何满足孩子的饮食需求。

其实，孩子的口味是最难满足的，对于吃的东西，他们有着天生的热爱。因为热爱，所以也会特别挑剔。很多年龄不算小的孩子，对他们认为不好吃的东西，是一口也不吃的。每个人的口味千差万别，那么如何做出让大部分孩子都满意的食物呢？

我们不能仅仅考虑味道，因为孩子认为好吃的东西，大都有一个共性——高油、高糖，这恰恰是家长们所不喜欢的，而且在这个营养过剩的年代里，这样的食物也是不健康的。除了高油高糖之外，每个孩子喜欢的口味也各不相同，想要用一种味道满足所有孩子，几乎是不可能的，所以我们需要在味道以外的地方，多下一点功夫。

首先，想办法把食物做得好看一些。

孩子们是典型的"视觉生物"，对于好看的东西，他们很容易萌生好感。人们常说，美食讲究色香味俱全，这个"色"是放在第一位的。食物好看不好看，能不能吸引人眼球，其实很重要。对于孩子们来讲，颜色鲜艳、丰富的食物，就是好看的，也是好吃的。所以，在给孩子制订食谱的时候，一定要考虑到食材颜色的多样性，然后以最适当的方式，去烹饪出颜色丰富、色彩鲜艳的食物来。

其次，要把食物做得更有针对性一些。

在孩子报名的时候，就考虑到他们口味上的需求，我们可以向家长或者孩子做一个相关的调查，问问他们喜欢吃什么，不喜欢吃什么。在后期制作菜单的时候，要根据大部分孩子的喜好，来决定到底吃什么。虽然说众口难调，但通过调查来满足大多数人的需求，还是能够实现的。

再次，把食物做得"多变"一些。

孩子们喜欢新鲜的东西，所以在制订食谱的时候，一定要多变、多样。拿主食来说，如果天天都是米饭，孩子们一定会厌烦。为此，我们可以增加主食的种类，比如周一米饭，周二馒头，周三包子，周四面条，周五饺子……要知道，多样化的食物，往往也意味着营养的均衡。天天吃一种食材，很容易造成营养失调，只有食材的种类丰富起来，才能让孩子们获得更好的营养。

最后，要注意食物的均衡搭配。

食物的合理搭配也能够让孩子喜欢上吃饭。简单来说，食物搭配分为两个部分，一是干湿搭配，二是深浅搭配。所谓干湿搭配，就是说在制订食谱的时候，要注意有干有湿，比如今天的主食是馒头，就一定要搭配一个汤——馒头为干，汤为湿；今天的主食是面条，不妨搭配一个炸鸡腿——面条为湿，炸鸡腿为干。

就孩子而言，他们的消化能力相对较弱，所以吃饭的时候最好有汤搭配。与此同时，他们的新陈代谢又比较快，只喝汤也是不够的，所以一定要干湿搭配。另外，如果有年龄比较小的孩子，可以尽量提供一些比较软的食物，方便咀嚼。

除了干湿搭配之外，深浅搭配也很重要。在考虑菜色的时候，我们要把颜色深的菜和颜色浅的菜搭配到一起，不要一桌子都是浅色的菜，也不要满桌子都是深色的菜，孩子的食欲容易被单调的颜色所抑制。只有颜色有深有浅，孩子们吃起来才顺口。

因为是针对孩子们所制订的食谱，所以我们应该清楚，食谱有两个功能：一是给孩子准备美食，二是给家长们看。孩子吃得香，家长看不见，但他们可以看见你的食谱是否营养均衡，这也是他们最关注的一点。所以，在制订食谱的时候，我们一定考虑到这一点。

从营养学的角度而言，每个人每天都需要吃大量的五谷、瓜果蔬菜，适量的奶制品，肉类、鱼类和豆类，而油、盐、糖要尽量少吃。具体来说，托管班的食谱想要实现营养均衡的要求，需要从以下几个方面着手。

第一，清淡。

这里的清淡不是说要多吃素食，而是说要少油、少糖、少盐、不辛辣，也就是口味比较清淡。如果家长看到你的食谱里满是红烧肉、糖醋鱼、酱爆鸡丁之类的菜式，虽然看起来很丰盛，但他们估计也会不太满意，因为常吃这些菜式不够健康。

家长的顾虑不是没有道理，对于孩子来讲，过多的盐分会加重他们的肾脏负担，损害肾功能；而太多的脂肪和糖分，则会导致儿童肥胖。另外，糖分会造成牙齿脱钙、弱化，引起龋齿，这些都是家长所担心的。

第二，粗细搭配。

过去人们觉得细粮好吃，现在人们觉得粗粮健康。这是因为人们意识到，粗粮的口感虽然不如细粮，但是其中所含的膳食纤维、B 族维生素、矿物质等营养物质，都是人体所必需的营养。所以，给孩子们制订食谱，需要注意粗细搭配。

第三，荤素搭配。

给孩子们制订食谱强调要清淡、少油，但不能完全没有肉，我们一定注意荤素的搭配。多数孩子喜欢吃肉，如果一餐中没有荤菜，是很难令他们满意的。而且，从营养的角度来讲，孩子在成长过程中需要摄入大量的动物蛋白，只有肉类才能提供给他们足够的营养。鸡肉和鱼肉（剔除鱼刺），都是非常健康的"白肉"，而且价格相对便宜，所以可以给孩子们多吃一些。至于其他肉类，由于脂肪含量普遍比较高，不适合单独成菜，建议与其他食材一起料理，以求实现荤素搭配的最佳效果。

总而言之，在为孩子制订食谱时，我们既要满足孩子的口味，也要满足家长的期待；既要让孩子愿意吃，也要让家长对菜谱满意，这是最根本的原则。

掌握科学的烹饪技巧

在托管班，饮食是一个非常重要的问题，不仅要营养、健康、安全，还要好吃。现在孩子们的生活条件好了，饮食极大丰富，所以他们对于食品的要求也越来越高。如果托管班不能把食物做得好吃一些，孩子们根本就不愿意吃饭，这会给托管班的经营带来很多问题。

但有一个现实问题摆在眼前，我们托管班的厨师，大部分不是专业的厨师，没有经过相关的训练；我们的饭菜，也以家常菜为主，没有那么多的花样。那么，如何才能把饭菜做得好吃一点？这就需要厨师掌握一些关于烹饪的基础知识了。

好吃的东西很多，吃起来各有各的味道，各有各的特色，但其实从科学角度来讲，让人觉得好吃的东西，往往是因为他们在烹饪过程中，食材发生了以下几种反应：

1. 美拉德反应

1912年，法国化学家美拉德发现，氨基酸与糖在一起加热时，会发生一系列复杂的化学反应，为食品提供了独特的色泽与气味。在烹饪的过程中，美拉德反应不仅让食物的颜色变得更好看，还会产生成百上千个有不同气味的中间体分子，这些分子增添了食材的风味。每当烤面包、烘焙饼干、煎炸鱼肉、烤牛排的时候，美拉德反应就发生了。

由于美拉德反应要在高温下才会发生，所以我们采取蒸煮的方式是不会激发美拉德反应的。而当我们在烧烤、煎炸的时候，这种反应就发生了。研究表明，人们往往更喜欢吃经过美拉德反应的食物，孩子们更是如此。比如说羊肉，孩子们是更喜欢吃水煮羊肉，还是更喜欢吃烤羊肉？相信对于大部分孩子来讲，后者更能引起他们的食欲。为什么？就是因为烤羊肉的过程，就是一个进行美拉德反应的过程。

不少观点认为，发生美拉德反应的食物容易致癌。其实，只要温度不超过200℃，表面也没有焦糊，那么产生的致癌物就微乎其微。日常烹饪中往往不注意温度，旺火炒制、长久煎炸或明火烤制，这些制作方法无法控制温度，容易局部过热，从而产生多种致癌物。因此，使用能够控温、控时的烤箱、电饼铛等制作食物，既美味又安全。

对于托管班来讲，我们不建议给孩子吃大量炸、烤的食物，但为了提升孩子们吃饭的兴趣与欲望，我们可以少量制作一些这方面的食物，来作为"点缀"。

2. 蛋白质的变性反应

蛋白质是组成人体一切细胞、组织的重要成分。机体所有重要的组成部分都需要有蛋白质的参与。而含有大量蛋白质的食物，一般也是孩子们喜欢吃的食物，比如鸡蛋、肉类、豆腐等。那么，怎么才能把含有蛋白质的食物做得既营养又好吃呢？这就需要利用蛋白质的变性与水解反应。

蛋白质是一种高分子化合物，在某些情况下，会发生变性或水解反应。最常见的例子就是煮鸡蛋的时候，蛋清会从透明状态变成纯白状态，这就是蛋白质变性。蛋白质变性之后，其实更有利于吸收，也可以提升食物的风味。比如，生肉变成熟肉之后，其中的蛋白质就发生了变性，所以口感会更好。另外，蛋白质变性之后，能够让菜肴形成比较好的形态。我们在烹饪鱿鱼、墨鱼、腰花等蛋白质含量比较高的食物时，一般来讲是先切花，然后加热，加热之后这些食物的外形就会显得很好看，这就是利用了蛋白质变性的原理。

利用蛋白质变性的原理，我们可以掌握一些烹饪食物的诀窍。比如托管班给孩子做蒸蛋的时候，一定要用慢火、低温去制作。因为蛋白质变性后传热效果会变差，如果温度太高的话，表层的蛋白质会迅速凝集，而下层的蛋白质却还是液体，这时候液体会往上冲，把表层凝固了的蛋白质冲破。所以我们会发现，如果用猛火做蒸蛋，蒸蛋会变成蜂窝状，而且味道也不好。如果用温火做蒸蛋，蒸好的蛋就会像果冻一样光滑，孩子们才会更愿意吃。

烹饪，其实如同是在做科学实验，里面有很多科学知识值得我们学习。托管班的厨师，不妨多掌握一些相关的知识，如此一来，即便你不是职业的厨师，也可以做出色香味俱全的家常菜，让孩子和家长都满意。

让孩子更"爱吃"的小技巧

想短期内提高厨艺水平，一方面要了解一些关于做饭的科学知识，另一方面也要掌握一些烹饪的小技巧。通过这些小技巧的使用，可以做出孩子们更爱吃的餐食。

托管班的餐桌上，离不开蔬菜，尤其是绿叶菜。家长看到你的餐桌上每餐都有新鲜的蔬菜，一定会觉得托管班的营养搭配比较合理。但很多托管班的厨师并不懂得如何烹饪青菜，他们做出来的青菜颜色发暗，孩子们一看就没有食欲。很多时候，大人们都说孩子不爱吃青菜，其实这可能并不是孩子的问题，而是我们做的青菜"有问题"。

如果我们的青菜每次做出来不是翠绿鲜亮的，而是土黄色、暗黑色的，孩子哪里会有什么食欲？至于原因，其实很简单——过火了。长时间加热，会破坏绿色蔬菜的细胞结构，同时，蔬菜中的镁元素会大量流失，不仅营养大打折扣，连颜色也会变成令人毫无食欲的土黄色。而过火的另一个结果，就是导致细胞组织脱水，原本爽脆的口感也就不可逆地消失了，孩子们就更不愿意吃了。

所以，我们烹饪青菜，清洗的时候一定要慢一点，保证干干净净。但是，在炒的时候要快一点，用猛火快炒。如此一来，不仅口感好，而且菜的颜色会青翠亮丽。

鸡肉也是孩子们比较喜欢吃的一种肉，而且由于鸡肉蛋白质含量高、价格亲民，所以也是托管班里最为常见的一种肉类。但是，很多托管班里做出来的鸡肉干涩、柴，失去了美味，孩子不喜欢吃。这是为什么呢？就是因为缺少了腌制这一环。

鸡肉加温的过程中，会损失大量的水分。所以，我们要在加热前通过腌制来给鸡肉"补水"。腌制过程中，鸡肉蛋白质会部分溶解，鸡肉会显得比较嫩。与此同时，水分开始进入鸡肉中，鸡肉会变得比较多汁。最后，通过腌制也可以让鸡肉更加入味。这样做出来的鸡肉不仅香嫩多汁，还更有滋味，孩子们自然爱吃。

除了鸡肉之外，托管班也可以给孩子们做一些炖肉。由于孩子们的咬合力和牙齿的硬度都不如成年人，所以给孩子炖肉的时候，要比平时更软烂一些才行。

鱼肉也是托管班经常会烹饪的一种肉类。鱼肉蛋白质含量高，脂肪含量低，非常适合孩子吃。很多孩子还喜欢喝鱼汤，尤其是那种颜色浓白的鱼汤，更能勾起孩子们的食欲。想要做出颜色浓白的鱼汤，有两个小窍门：第一是先煎后煮，第二是中途不要加凉水。

鱼汤要鲜，清洗去腥是基础。如果清洗完的鱼腥味仍然很重，可以在炖汤之前把鱼放在锅里，用油炸一下。炖鱼时最好不要中途加水，在加热的过程中水分可能会蒸发掉一部分，如果水量不足，需要加水一定要加热水。

托管班当然也会做一些主食，想要让面食好吃，我们可以在揉好面之后，添加一些黄油、奶油，这样一来，做出来的面食就会有奶香味，孩子们会更爱吃。

以上是一些基本的烹饪技巧，可以让没有经过专业训练的厨师，在短时间内掌握烹饪美味佳肴的诀窍。事实上，在托管班里当厨师，与在家做饭、在饭店做饭有很大的不同，不是说一个好的饭店厨师或者是一个好的家庭主妇，就一定可以做好托管班的餐食。我们一定要在日常的工作中，不断地总结经验，不断发现并满足孩子们的需求，才可以做出孩子们喜欢吃的餐食。

考试期间的饮食规划

考试期间是学生和家长都非常重视的时间段,而且考试除了比拼智力、考察学习效果之外,还要拼体力和心态。作为托管班,在考试期间给孩子做好后勤保障工作,提供合理膳食,是非常有必要的。总体来说,考试期间的饮食有两大原则。

第一,加强饮食安全管理。

考试期间,孩子精神压力大,肠胃压力也大,所以容易拉肚子。这个时候,托管班尽量不要给孩子做生冷、刺激性的食物,因为这些食物容易诱发急性胃肠炎。孩子因为拉肚子而影响了考试成绩,家长可能会认为是托管班的食品出了问题。

第二,加强规律饮食。

考试期间,托管班应加强孩子的饮食监督管理,在自己的控制范围内,阻止孩子吃一些外来的零食。同时,托管班还要为孩子提供规律的饮食,在吃饭问题上,千万不能马虎大意。

在考试期间,有些孩子胃口会受到影响。所以,托管班可以多给孩子吃一些粗粮，这些食物里含有丰富的维生素 B1，可以促进食欲，并且帮助大脑充分利用血糖产生的能量，从而提高学习效率。另外，托管班还可以煲一些健脾开胃、促进消化的汤水，比如山楂糖水等。

对心理承受能力比较差的孩子，托管班在学生考试前，也可以做一些有助于缓解焦虑的食品，比如小米粥、大枣、芝麻等。还有些孩子可能会失眠，影响中午的休息，所以在午睡以前，可以给孩子准备一些温热的牛奶、百合炖汤或煲粥、莲子去心煮粥或煲汤，这些食物有助于促进睡眠。

现代教育对学生身体素质以及健康状况的关注程度越来越高，体育如今已经成为中小学教育的重要课程，孩子们必须在体育考试中全力以赴，这将消耗他们大量的体能。为了帮助他们在体育考试中取得更好的成绩，托管班可以在体育考试之前做一些高糖、低脂肪的食物，如糖三角、巧克力蛋糕等，这些食物容易消化又能提供充足的糖分。此外，还应该多给孩子吃一些奶制品或豆制品，这些食物消化起来比较慢，可以长时间地为肌肉提供能量。

炒菜：宫保鸡丁，丝瓜炒虾仁

小菜：凉拌黄豆芽

汤：萝卜汤

星期四

主食：红豆饭

炒菜：鸡肉炒三丁，蒜茸小白菜

小菜：凉拌黄瓜

汤：紫菜葱花鸡蛋汤

星期五

主食：烙饼

炒菜：炒合菜，炸素丸子

小菜：泡菜

汤：莲藕玉米排骨汤

第六章

安全防范｜
时刻都要绷紧的"弦"

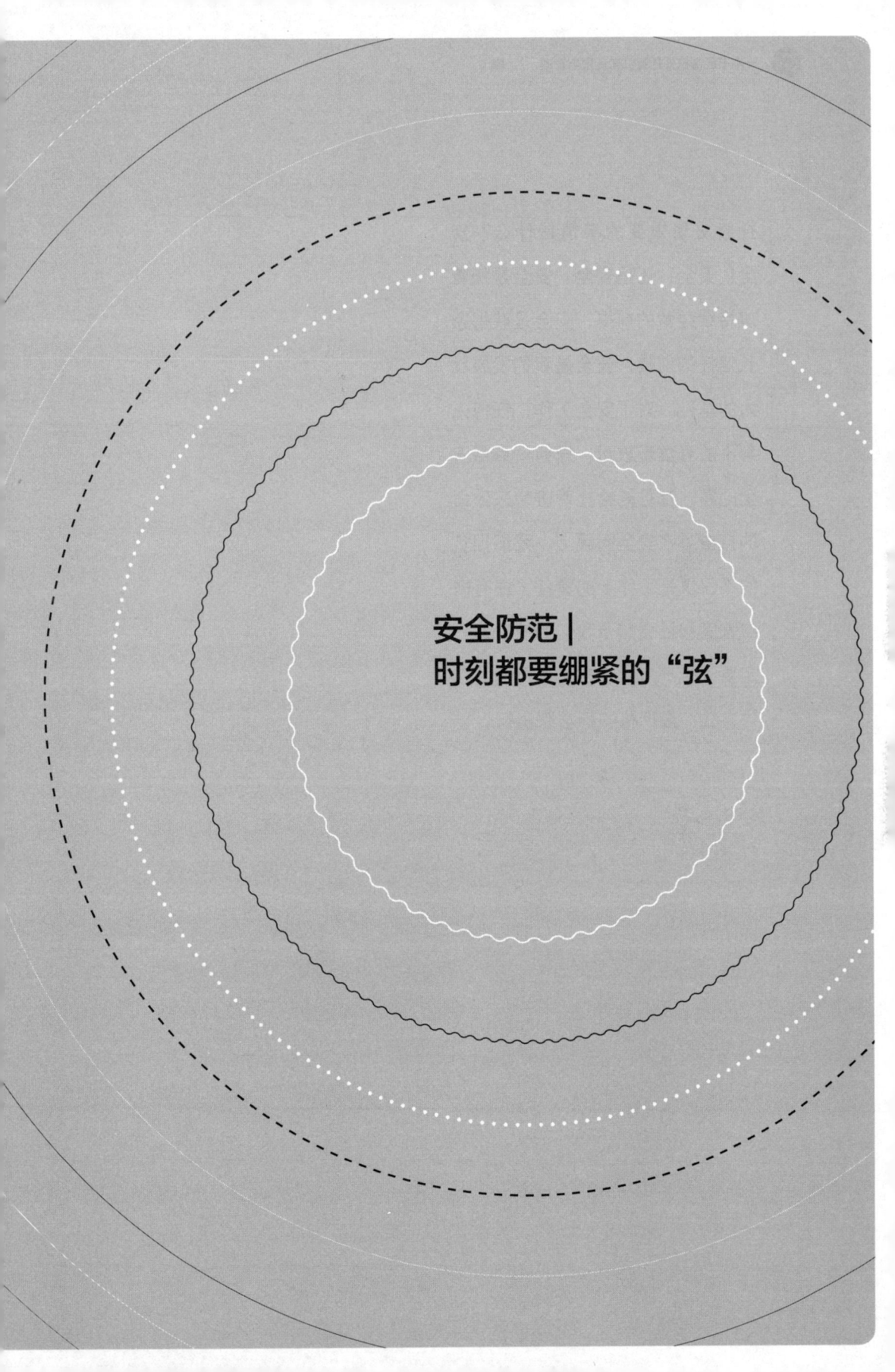

托管班最重要的事情是什么？安全！安全！还是安全。安全是托管班持续经营的前提，安全是获得家长信任的前提，安全是我们发展壮大的基础。对于安全工作，任何人都不能有丝毫放松。任何一点点安全问题，都可能给托管班带来致命的打击。在安全问题上，我们担负的不仅仅是工作上的责任，还有来自家庭和社会赋予我们的使命，一定要以最严肃的心态、最严谨的工作方式、最严格的标准来执行。

安全防范，教育先行

托管班在开展安全教育活动的时候，应当灵活运用一些方法与方式，让孩子们理解安全教育的重要性与必要性，与此同时，还要让孩子们知道如何应对危险。

1. 学习日常安全常识

托管班要在日常生活中让孩子掌握一些简单的生活技巧，并积累避开及应对危险的技巧和方法，让孩子将良好的生活习惯与自我保护教育紧密结合起来。一般来说，年龄偏小的孩子自我防护的意识不足，所以，托管班在孩子盥洗、午睡、进餐、活动等环节上要让孩子养成良好的习惯，懂得安全的重要性。

利用孩子爱听故事的心理，托管班可以将孩子在日常生活中可能会遇到的安全问题编成简短的故事对孩子进行教育，比如，《椅子的朋友》《不会吃鱼的小花猫》《安静的小猫》等；还可以利用安全标识和短视频对孩子进行安全教育，在楼梯、柜子、插座、电热水壶等存在安全隐患的地方，可以张贴一些自制的安全标识对孩子进行提醒。

2. 了解日常的危险物品

孩子天性活泼好动，他们特别喜欢触碰各种物品。针对孩子的这个特点，托管班应该让孩子知道一些危险的物品。比如，在平时的活动中，可以收集一些空的饮料瓶、药瓶等，通过故事和随机教育相结合的形式让孩子了解这些不同的瓶子，让孩子知道哪些可以碰，哪些是不可以碰的，从而提高孩子对这些物品的安全意识。

3. 增强安全防护的意识

托管班应该让孩子记住日常生活中的一些常用的电话号码，如120、110、119等，并且弄清楚这些号码的作用。在日常活动中，老师可以在室内和孩子一起进行演练，让孩子知道当遇到水灾、火灾的时候，如何处理以及应该怎样避免伤害。同时，托管班还可以模拟当孩子一个人在家遇到陌生人闯入时的情景，教孩子如何结合实际情况，进行自我保护。

4. 了解一些交通安全知识

托管班可以通过观看安全教育片和图片的形式让孩子了解一些安全知识，比如，过马路的常识和一些交通安全的标识等，从而增强孩子的交通安全意识。只有充分了解这些知识，孩子才能在实践中正确运用，较好地防范危险的发生。

5. 让家长参与其中

在托管班实施安全教育的同时，也可以请家长配合完成。托管班要让家长知道本学期班级安全工作的重点，向家长宣传对孩子进行安全教育的重要性，并且在计划实施一段时间后，向家长发放有关孩子安全知识的调查表。采取家长、托管班互动的形式，让家长参与到孩子的安全教育工作中来。

要想确保孩子的生命健康，就必须做好安全管理工作。而要想做好安全管理工作，就应该全方位地展开安全教育活动，将安全教育落到实处。

装修阶段的安全隐患

安全无小事。

安全二字，是托管班的生命线，管理者应该时刻把安全放在第一位。安全问题贯穿托管班经营过程的每一个环节，从最初的装修，我们就应该充分地考虑到这一点。

近年来，新闻中经常可以看到关于"家具翻倒，压伤孩子"的新闻，这是因为很多家具在设计的时候，完全没有考虑到保护儿童安全的要素。家具一旦翻倒，砸到儿童，造成的后果是非常严重的。所以，对于托管班来讲，家具的安全购买和安全摆放，是必须引起足够重视的。

首先，我们在装修时，应该注意家具的稳定性。一般来讲，在托管班，高于60厘米的家具，都要测试其稳定性，且最好是固定在墙体上。

不少孩子喜欢攀高玩耍，如果托管班的家具不稳定的话，极易造成意外发生。所以，托管班最好选择一些比较低矮的家具。在不少托管班里经常会看到一些大型家具，比如高大的书架、衣柜等，这是完全没有必要的。首先，它们并不实用；其次，它们是安全隐患。所以最好从源头上就将这些家具排除在采购名单之中。即便一定要购买大型家具，也要将其做固定处理。

另外，我们也应该尽量选择圆角的家具，尖锐的柜角、床角、柜门把手等都容易发生意外。装修时，也要以此为原则，尽量减少屋子里出现尖锐的直角，应该以圆角装修为主。

托管班中不要放置一些易碎的物品，比如瓷器、玻璃、花瓶、水晶球等。孩子们最大的特点就是好奇心重，一旦将这些易碎的物品失手打碎，财物的损失是小事，如果造成孩子人身伤害，那后果就非常严重了。

学生休息室的上下铺，不要放到窗口的位置。很多托管班因为空间比较紧张，所以在摆放儿童床的时候，只考虑有效的利用空间，没有考虑安全的管理，将双层的儿童床放到了窗户边。如此一来，就形成安全隐患，如果孩子一不小心从窗户跌落，或卡在了安全护栏上，问题就很严重了。

另外，在床头上方，不要设置物品架，或者安装吊扇一类的东西。

托管班的窗户，在装修的时候一定要安装护栏。很多孩子喜欢攀爬，如果孩子不小心爬到窗户边，没有护栏，就可能跌落。

托管班的门把手、柜子把手，最好使用圆形把手，不要使用家里常用的那种比较尖锐的把手，以防孩子在奔跑玩耍过程中刮伤、撞伤。小小的门把手，如果不小心撞上去的话，其实造成的伤害很大，此前就有过孩子撞到门把手上头破血流的报道，这也是在实践中总结出来的经验和教训。

厨房的房门，可以采用透明的、强度更高一些的玻璃门，因为很多时候托管班的厨房和孩子的活动区域是连在一起的，有时厨师从厨房里端食物出来，看不到外面的情况，打开门就往外走，而此时如果恰巧有孩子冲过来，就可能会打翻食物，烫伤孩子。所以，要把厨房门做成透明的，里面可以看到外面，外面也可以看到里面，能够彼此注意。

最后，一定要在孩子睡觉的地方安装防火插座和防火喷头，因为孩子睡觉的地方人员密集，还有棉被等床上用品，一旦着火，后果不堪设想。

开学期，安全检查不松懈

装修好之后，托管班就可以进入开学期了。开学之前，我们还需要打扫卫生、布置环创、集体备课、筹划家长会……但在所有的准备中，安全工作永远是最重要的。

安全工作的主要负责人，毫无疑问就是托管班的第一管理者，也就是创办人。作为第一责任人，创办人在安全工作中起着举足轻重的作用。开学前，创办人应完善安全工作责任制度，根据职责分工，与各管理层人员分别签订安全工作责任书，确保各项安全工作落实到人。此外，创办人还需建立安全监督、检查、汇报制度，组织成立安全管理领导小组，进行定期和不定期抽查，杜绝安全隐患的产生。

除了创办人之外，还应该在托管班的员工中找一个心细、负责的人，作为安全专员。安全专员要根据创办人的要求，将安全工作承担起来，主要负责日常的检查、维护。创办人的工作可能很忙，不会天天在托管班中，这时安全专员就要承担起安全检查工作的责任。

安全专员每天都要做以下几个方面的工作：

第一，清点班级活动区的游戏材料和教具等，如果发现有破损的，要及时进行修复和替换。

第二，每天检查天花板、吊扇、门窗、装饰画等，看看这些东西有没有松动脱落的可能，墙壁上有没有突然出现的尖锐凸起。

第三，每天检查卧室的床位，看看床上的布置是否排列整齐，重点是要保证过道通畅，这是保证教学安全的重要一环。

第四，检查地板、桌椅、柜子、扶手，看看这些位置是否光滑，如果有异物或者凸起，一定要及时处理。

第五，检查走廊、楼梯、安全疏散通道，如果有杂物阻碍了通行，要及时处理。

在托管班中，厨师也是重要的安全负责人之一，担负着饮食安全的重大责任。在开学之前，厨师应该严格实施卫生控制，保证所采购的食材没有腐烂、变质的情况。尤其是一些调味品等，很容易变质，又经常被忽视。一旦发现食材变质，要及时进行清理、替换。并确保所用食材必须从正规渠道采购，采购回来后专人检查验收并做好采购记录，便于溯源。

同时，厨师还应该将厨房中的用具放置得当，避免厨房用具被孩子接触到。开学之前，厨师要把厨房地面、灶台、桌子、备餐台、水池及各类餐具统一清洗，因为厨房闲置一段时间，就会滋生细菌，导致食品卫生隐患，一定要彻底排除掉。

开学前，厨师应该对厨房机器设备进行调试，保证设备正常运转，没有短路、漏气等情况，要特别注意油烟管道的畅通。如果油烟管道不通畅，在做饭的时候，室内会聚集大量的烟气。对于大人来讲，可能问题不大，但是孩子的呼吸系统比较脆弱，烟气可能会引发一些呼吸道疾病。

托管班通常还有负责接送的人员，作为托管班的接送人员，一定要提高其安全意识，明确其岗位职责，引导、规范其交通安全行为。接送人员应提前对托管班周边路况及接送孩子的路线进行了解，接送孩子回托管班途中时刻注意每一个学生的安全，不允许学生乱奔乱跑或追逐打闹，也不允许吃任何的东西。

总而言之，托管班安全无小事！上面这些安全检查工作，一定要在开班前落实到位，一个都不能少！只有所有人一起行动起来，才能为托管班的安全经营和孩子们的快乐成长保驾护航。

日常安全隐患的排除

前期的安全工作做到位并不意味着一劳永逸。据统计，全世界每年发生的儿童意外伤亡事故，约有200万起是在室内发生的。如果我们能够在日常生活中多加重视，很多发生在室内的安全事故是可以避免的。全球儿童安全组织创建者马丁博士认为，没有"偶然"的事故，只有可预防的伤害。所以，在托管班运营的过程中，我们要把日常安全隐患的排除工作落到实处。

托管班的清洁卫生，一定要做到位。清洁卫生不到位，不仅会影响托管班的环境，还会带来一些安全方面的问题。托管班的地面要干净防滑，最好不要铺设地毯。因为地毯很难真正处理干净，不干净的地毯容易滋生细菌和螨虫，孩子们又喜欢在地毯上玩耍、打滚，如此一来，就比较容易患上皮肤类的疾病。不少托管班铺设了木地板，然而，木地板如果不能很好地维护，容易损坏，受损的木地板又会成为一个安全方面的隐患，所以托管班在装修布置时最好铺设瓷砖地面。

很多托管班为了减少收拾餐桌的难度，会铺上桌布，这也容易造成安全问题。因为孩子吃饭的时候小动作比较多，如果他们不小心把桌布拉下去，桌上的热菜、热汤容易烫伤孩子，所有托管班餐桌上最好不要使用桌布。另外，托管班中的椅子如果有损坏，不要用折叠座椅替代。

加强对托管学生的日常安全教育工作，不允许学生在走廊、电梯口、楼梯、阳台追逐打闹，以免发生安全事故；教育学生不要带危险品上学或入班，每天抽检学生所带物品，注意观察托管学生手里是不是有打火机、爆竹、刀子等危险物品，发现后及时收起来，防止发生安全意外；严禁托管学生进入厨房，热汤菜、开水必须放在孩子拿不到的安全地方。

在日常的学习中，不可避免地会用到一些诸如剪刀、美工刀之类的尖锐物品，托管班要有专门放置这些工具的带锁的柜子。工具用过之后，要养成立刻收起来的习惯，不能让托管孩子过多接触危险的工具。

另外，托管班的常备药品也要妥善保管，以免孩子误食误用。

洗手液、消毒液之类的清洁用品，也要妥善安置，因为如果它们不小心溅入孩子的眼睛，可能会造成较大的伤害。

有些托管班会布置药品柜、抽屉柜等办公用具。我们要小心抽屉对孩子造成的伤害，最好是用安全保护锁将抽屉锁上。因为托管班里的有些孩子，将抽屉一个一个地打开，当成台阶爬，容易压伤、砸伤、夹伤孩子。

托管班负责人还需每天对房间检查一次，发现安全隐患要及时处理，有损坏设施、物品要及时修理。

托管班的疾病防控

托管班的孩子通常年龄小，免疫力差，很容易感染某些疾病。况且，托管班里的孩子比较多的情况下，更加容易交叉感染。作为托管班的管理者，一定要做好疾病的防控工作。总体来说，托管班的疾病防控，要做到以下几个方面的工作。

首先，早发现、早报告、早隔离、早处置。

托管班的老师要随时观察孩子们的健康状况，一旦发现孩子们的身体状况出现异常，要马上向上反映，这叫早发现、早报告。托管班的管理者在接到报告之后，要立刻评估孩子的病情，如果有必要的话，要对孩子进行隔离，并马上通知家长，这叫早隔离、早处置。

儿童之间的疾病传染速度是非常快的，有些疾病如果不能及早隔离，很可能很快全班都传染上了，这会影响托管班的正常运营。所以，托管班一定要对儿童疾病引起高度的重视。

在疾病暴发的时候，我们还要做好托管班的消毒工作，厕所、课桌、餐具都是重点目标。对于生病的孩子，我们最好建议回家休息一段时间，因为即便是疾病的症状消除了，在短时间内，部分病毒还会存在，并仍然具有传染性。

其次，开展学生健康教育。

无论是学校还是托管班，都要对孩子们进行一些关于健康方面的教育。对于托管班来讲，要教会学生们饭前便后及外出回家勤洗手、不喝生水等基本的卫生知识，并予以监督奖励。我们不要觉得这些内容学校都教过了，所以托管班就不用再教了。要知道，"知行合一"才最有效果。

最后，搞好卫生。

托管班一定要经常对室内环境卫生进行彻底检查和清扫，与此同时，还应该加强室内场所的通风换气，做好日常消毒工作。在托管班里，我们要常备含氯漂白剂或其他有效消毒剂，每隔一段时间就要对屋子进行一次彻底消毒。

作为托管班的管理者和老师，一定要对一些常见的疾病有一个基本的判断，能够根据孩子的具体症状，来简单判断他们可能得了什么病。

下面，来简单介绍一下儿童常见疾病的症状。

流感：流感的发病速度很快，很可能孩子在进托管班的时候还毫无症状，但是吃完饭就生病了。流感的症状通常是发热、乏力、头痛或全身酸痛等，有时会有咳嗽、流涕等呼吸道症状。

麻疹：麻疹是儿童最常见的急性呼吸道传染病之一，其传染性很强，临床上以发热、上呼吸道炎症、眼结膜炎及皮肤出现红色斑丘疹和颊黏膜上有麻疹黏膜斑，疹退后遗留色素沉着伴糠麸样脱屑为特征。常并发呼吸道疾病如中耳炎、肺炎等。如果孩子得了麻疹，一定要及时通知家长。

水痘：是由水痘—带状疱疹病毒初次感染引起的急性传染病。主要发生在婴幼儿和学龄前儿童，成人发病症状比儿童更严重。以发热及皮肤和黏膜成批出现周身性红色斑丘疹、疱疹、痂疹为特征，皮疹呈向心性分布，主要发生在胸、腹、背，四肢很少。冬春两季多发，其传染性强。水痘患者是唯一的传染源，自发病前1~2天直至皮疹干燥结痂期均有传染性，接触或飞沫吸入均可传染，易感儿发病率可达95%以上。

风疹：是由风疹病毒感染引起的急性呼吸道传染病，主要表现为发热、皮疹、耳后淋巴结肿大等，一般症状较轻。

猩红热：主要是因为受到了细菌感染所引起的一种症状，患者会畏寒、高热，同时伴有恶心、呕吐和咽喉疼痛等，如果没有得到及时治疗，会诱发化脓性中耳炎及急性肾炎。猩红热一年四季都有发生，尤以冬春之季发病为多。患者和带菌者是主要传染源，经由空气飞沫传播，发病以5~15岁居多。

流脑：流行性脑脊髓膜炎简称流脑，是由脑膜炎双球菌引起的化脓性脑膜炎。流脑的发病季节以冬春季为主，流脑的症状初期类似感冒，所以很多人都误以为是患了感冒而错过了尽早治疗的机会。一旦孩子出现发热，随后头痛，继之出现喷射状呕吐等流脑可疑症状，还是应尽早看医生。接种流脑疫苗是预防流脑发生最有效的办法。

流行性腮腺炎：很多人对流行性腮腺炎并不陌生，因为自己或朋友家的孩子不少得过这种疾病，有些人脑海中还会浮现出"孩子捂着腮帮子喊疼"的场景。它是由腮腺炎病毒引起的急性、全身性感染，以腮腺肿痛为主要特征，是儿童和青少年常见的呼吸道传染病。

手足口病：手足口病是由肠道病毒引起的传染病，多发生于5岁以下儿童，表现为口痛、低热，手、足、口腔等处小疱疹或小溃疡。多数患儿一周左右自愈，少数患儿可引起严重并发症。个别患儿病情发展快，导致死亡。手足口病感染途径包括消化道、呼吸道及接触传播。预防措施包括：饭前便后、外出后要给儿童洗手，不让儿童饮食生水、生冷食物，避免接触患病儿童；手足口病流行期间不宜带儿童到人群聚集的公共场所；保持家庭环境卫生。

以上是几种儿童常见病，我们可以发现，不少常见病都是呼吸道疾病。要做好呼吸道疾病的预防工作，托管班的管理者应该知道它是从哪儿来的？什么情况会来？如何赶跑它？

大部分呼吸道疾病的传染源就是病人本身，且这个病人包括感染者，就是这个孩子虽然没有什么症状，但其实他已经感染了呼吸道疾病的病毒，这个时候，他也可能会把疾病传染给其他人。

呼吸道疾病的传染途径主要有两个：一是飞沫传播，病原体由传染源通过咳嗽、喷嚏、谈话排出的分泌物和飞沫，使易感者吸入受染。一般情况下，飞沫传播只有与传染源近距离接触才可能实现，而距离传染源1米以外是相对安全的；二是接触传播，指病原体通过媒介物直接或间接接触传播。

对于一些体质比较好的人来说，在接触到病毒之后，并不会被传染。可是，托管班的孩子们年龄比较小，他们的免疫力比较差，属于易感人群。另外，孩子们容易在玩的时候过度消耗体力，他们的情绪也比较容易高度兴奋，而这些情况又会进一步降低他们的免疫力。所以，每当呼吸道疾病开始大规模传播的时候，抵抗力相对较弱的孩子往往首当其冲。

要预防儿童呼吸道疾病，托管班要做好以下工作。

首先，注意给孩子及时增减衣服。孩子们从外面来到托管班，两种环境的温差比较大，很容易导致呼吸道疾病。所以，夏天托管班屋子里的空调不要开得特别凉，容易感冒。到了冬天的时候，孩子们从托管班出去的时候，要及时提醒他们穿上外套，要不然容易被冻感冒。

其次，托管班要组织孩子多饮水。孩子们的饮水意识相对较差，而身体里如果水分不足的时候，免疫力就会下降。所以托管班一定要组织孩子多饮水，同时还要监督孩子的饮食，尽量不要让孩子吃街边那种不卫生的小吃。

最后，要提醒孩子们勤洗手，不随地吐痰，不乱扔垃圾，托管班自己要做到勤换、勤洗、勤晒被褥。

安全意外的处理

在安全问题上，我们一定要慎之又慎，要从主观上杜绝任何不安全的行为。但是，从客观上讲，世界上不存在百分之百的安全，假如不小心发生了安全问题，我们要拿出有效的补救措施，将危险降到最低。

由于托管班要面临各种各样的安全风险，每一种安全风险的应对措施都有不同，所以下面就把托管班经常会遇到的一些安全问题罗列出来，一个一个地分析它们的解决对策。

· 孩子噎住了，卡住了，怎么办？

供应餐食是托管班主要职能之一。但你有没有想过，如果孩子在吃饭的时候卡住了，噎住了，该怎么办？不要小看这些问题，如果处理不善的话，很可能出大问题。

有些传统的看法认为，孩子噎住了，可以用拍背、喝水、倒挂等方式解决，其实这些方法都是错误的。广西玉林一名6岁男童，吃花生的时候被噎住，孩子的妈妈听信了老人的说法，将孩子倒挂起来，不停地抖动孩子身体，最终错过了最好的急救时机。

当孩子被噎住了之后，留给大人急救的时间非常短暂，根本来不及就医或者等待急救。那该怎么办才是最科学、最有用的呢？此时，你需要了解海姆立克急救法。

我们最常遇到的是食道异物和气管异物，即食物在食道被噎住，和食物呛到了气管里，其中气管异物最危险。正确的急救方法是海姆立克急救法，也就是腹部冲击法。这是一种利用冲击腹部——膈肌下软组织，压迫两肺下部，从而驱使肺部残留空气形成一股向上的气流，将堵住气管、喉部的食物硬块等异物咳出，使人获救。如果被噎者可以喊叫、咳嗽出声、说话，此时可以让其用本能反应自主清理呼吸道，不应该使用海姆利克急救法。如果无法咳嗽出声或说话，完全不能呼吸（胸部没有起伏运动），被噎者可能会双手抓住自己的颈部，出现发绀，面色青紫，这个时候应立即采用海姆立克急救法施救。

海姆立克急救法的具体操作方法是：1.被噎者有意识，施救者站在被噎者背后，用两手臂环绕其腰部，一手握拳，将拳头的拇指一侧放在被噎者剑突下方肚脐上方两横指处。再用另一手抓住拳头、快速向上向后冲击压迫被噎者的腹部。重复以上手法直到异物排出。如果被噎者体型太大，施救者无法用双臂环抱，则用双臂环绕被噎者的胸部，用力快速按压胸部，而非腹部。2.被噎者无意识：如果被噎者已经失去了意识，则立即拨打120急救电话。在急救车到来之前，需要让被噎者仰面平卧，立即为被噎者实施心肺复苏。需要强调的是，在心肺复苏每次打开气道进行通气时，观察喉咙后面是否有堵塞物存在，如果发现易于移除的异物，要小心移除。

在急救噎住的孩子时，这是行之有效的方法。老师遇到此类危险时不要惊慌失措，管理者也要勇于承担责任，不要瞻前顾后，错过最佳的施救时机。如果你的方法正确，是有很大机会将孩子救过来的。如果你不及时采取措施，那么噎住的孩子会有生命危险，那样的结果是我们难以承受、不能挽回的。

·孩子鼻子出血了怎么办？

　　托管班经常会遇到孩子出鼻血的情况。鼻子出血之后，捏鼻子、仰头……很多常见处理方法其实并不正确，看似暂时没血流出来，但血液却经鼻后孔咽下去了。咽下去的血液会刺激胃黏膜，引发腹痛。我们应该采取的正确办法是：要让孩子直立站立，然后稍微低一点头，同时用手指紧捏两侧鼻翼，压迫鼻中隔前下部五分钟左右，直至不出血为止；然后，再用冰袋冷敷孩子的前额或头颈部，目的是收缩血管，减少出血；若出血量非常大，难以止住，不要让孩子仰头，因为那样血液会形成倒灌，导致气道阻塞；如果血液流到胃里，可能会引起孩子呕吐。可以用塑料袋接住血液，备好擦拭用的纸巾，然后送医院就诊。

·孩子不小心烫伤了怎么办？

　　在托管班，千万要注意热源的管理，小心烫伤孩子。假如烫伤事件发生了，我们要分五步处理：

　　第一步，把孩子烫伤的部位用清洁的凉水清洗，最好用瓶装的纯净水，而且冲洗的时间要维持20分钟左右。

　　第二步，如果孩子烫伤的部位是在衣服下，要小心翼翼地脱下衣服，千万不能强行脱衣服，必要时可以用剪刀剪开。

　　第三步，将烫伤的部位在凉水里浸泡，时间还是20分钟。

　　第四步，用干净的纱布，或者没有用过的毛巾简单包扎。

　　第五步，到医院检查。

　　有些人在孩子烫伤后，喜欢抹牙膏、酱油等，甚至自己用尖锐的东西去挑破水泡，这些行为都是错误的，不但不能减轻伤势，还会带来进一步的伤害。其实，治疗烫伤的基本原则很简单，先降温，再送医院。孩子细皮嫩肉，一旦烫伤就很严重，且可能会留下疤痕，所以千万要及时送医院，将烫伤的伤害降至最低。

· 孩子不小心掉到床下或者跌倒怎么办？

　　孩子从床上掉到了地上，或者不小心摔倒了，这在托管班里可能是经常会遇到的情况。如果床铺的高度适宜，安全性能良好，一般情况下不会有太严重的后果。但是，如果孩子因此扭伤了脚踝，那就要尽快给予冷敷，抬高，且千万不要揉。

　　如果孩子是轻微擦伤，则用纯净水冲洗，碘伏消毒，创可贴或纱布包扎；如果孩子在跌倒的过程中，头部受到了撞击，先让孩子坐下来不要动，观察他的意识是否清醒，如果起了大包，要用冰块冰敷。随后，还要继续观察，看看孩子有无呕吐、嗜睡、头疼等症状，如果有，那么可能涉及轻微脑震荡，要尽快到医院就医。

· 孩子惊厥了怎么办？

　　孩子发生惊厥时该怎么办呢？通风、降温这些简单的办法其实最有效。紧急应对方法有两个：一是孩子惊厥发作时需保持周围环境空气流通，以减少缺氧，在室内可打开窗户。如果是在人群密集的地方（如放学接孩子时的场景）发生惊厥，需要立刻疏散人群或将孩子移到空气流通的地方；其二，如果孩子的衣领较紧，记得解开衣领，立刻将孩子侧卧或平卧，头偏向一侧，防止呕吐物或分泌物误入气管引起窒息。如发现孩子的口腔里有呕吐物，可将小毛巾缠到食指上，然后用食指将嘴里的呕吐物掏出。

　　惊厥发作时最可怕的后果就是因引发窒息而导致生命危险！需要注意的是，当孩子出现惊厥，许多人可能会用掐人中的方式来唤醒孩子，不过目前尚无证据表示其有效。此外，由于孩子并不清醒，切勿在其惊厥期间喂食、强行按压肢体、蛮力弄醒等，这样可能造成孩子窒息、骨折等情况。

· 孩子骨折怎么办？

当孩子受伤时，不管伤在什么部位，如果怀疑有骨折，那么就要按照骨折来对待，尽量减少过多搬动并尽快就医。在送医前及去医院的路上，可以做一些前期处理，预防伤情加重并减少孩子的痛苦。托管班应立即将孩子受伤的肢体固定于身体，防止骨折进一步加重。不要按揉肿胀部位，否则会加重损伤。如果现场有条件的话，可以用书本、木板等进行简单的固定，然后迅速送往医院检查、治疗。

对于意外伤害，还是预防最重要。但是百密一疏，假如有所疏漏，我们一定要掌握相关的急救措施，将伤害降到最低，这是非常关键的。

发生火情的基本处理流程

托管班一定要格外重视消防安全。所谓的重视，不仅要杜绝消防隐患，经常进行消防检查，还要提前准备一套紧急情况下的消防预案。

很多人可能觉得，火灾离我们很远，但其实在我们的托管班里，就充满了可能会引发火灾的隐患。比如火柴、打火机、炉灶等明火，如果使用不当可能会引起火灾。另外，雷电、电器、静电等也可能会引发火灾。

在托管班，为了防火，也为了保证孩子们的身体健康，我们首先应该严禁吸烟。

托管班在运营过程中，有时候会发现装修的时候考虑得不周全，导致用电接口不足。于是，就开始私接乱拉电线，甚至是超负荷用电，这是非常危险的。托管班一定要加强用电管理，同一个插座上不要使用太多的电器设备。对此，我们要严格规范厨房工作人员的操作规程，因为厨房电器的功率通常较大，如果超负荷用电，有可能会导致火灾。

厨房工作人员在使用燃气时，一定要非常注意，做到先开气阀再点火，使用完毕后先关气阀再关炉具。而且，每天检查煤气设备，一旦发现泄漏，要迅速关闭气阀，同时开窗通风，并禁止在燃气泄漏场所拨打电话。用天然气等燃气做饭，短时间内多次点火没有成功时，千万不要再去尝试点火，而是要迅速打开门窗通风，待燃气散尽后再尝试点火。

天气寒冷的时候，如果还未供暖，室内温度比较低。为了保证给孩子提供一个舒适的空间，托管班可能会采取电取暖的措施，会用到电暖气等设备。作为托管班的管理者，一定要在这个时期做好安全检查工作，因为电取暖设备使用不当或质量不过关时，极易引发火情，一定要小心。

为了消防安全，托管班应及时处理堆积的杂物，并保证安全出口的畅通。托管班的书、纸比较多，对这些易燃物品的安置，要考虑到发生火灾的可能性，将书本摆放到离电源、火种比较远的地方。

火灾发生时，作为托管班的管理者，首先要考虑如何将孩子转移到安全的地方。平时，应该组织孩子进行相关的演练，只有这样，才能保证危险来临时，大家能够有条不紊地撤离。

另外，绝对不能低估火势蔓延的速度，在某些特定的条件下，从小火变成熊熊大火，可能只需要短短几分钟的时间。所以一旦发生火情，哪怕火势不大，也要第一时间进行疏散。

楼层较高的托管班应该准备火灾逃生绳，如果火情封堵了托管班的逃生口，可以考虑用逃生绳，带领孩子从窗户转移。

当火势比较小的时候，我们可以尽量考虑自救。

一般来讲，可以通过以下几种办法扑灭比较小的火势。

第一，冷却法。只要把着火点的温度降低了，火就会熄灭。我们可以将水泼向着火点，这是一种比较常见的灭火方法。

第二，窒息法。有些火灾是不可以泼水的，比如油锅着火。这时，我们可以采取窒息法，用不易燃的物品，如防火毯，把着火点盖住，阻隔火焰与空气的接触来灭火。

第三，隔离法。在火着起来之后，要把着火点周围的易燃物尽快转移到别的地方去。如果火源是可以转移的，也可以把火源转移到安全的地方。

另外，托管班要根据规模，常备一定数量的灭火器。

最常见的灭火器就是干粉灭火器，它属于窒息灭火，一般适用于固体、液体及电器的火灾。除了干粉灭火器之外，还有二氧化碳灭火器。二氧化碳灭火器适用于扑救各种可燃液体和可燃气体的初起火灾，以及带电设备和精密电子仪器、贵重设备的火灾，在窄小和密闭的空间使用后，要及时通风并尽快把孩子撤离现场，以防窒息。

托管班必备干粉灭火器。手提式干粉灭火器主要用以扑救固体材料火（A类）、可燃液体火（B类）、可燃气体火（C类）及一般电器类火灾。在使用干粉灭火器时，先拔下保险销，拉出喷管，然后对准火焰根部左右扫射，干粉灭火器适用于扑救初期火灾。在使用干粉灭火器时，一定要注意周围有没有孩子，以防将干粉喷到孩子的眼睛里。

睡眠室安全管理

孩子们睡觉时,看起来安安静静,其实也有不少安全方面的注意事项。

· 从设计上来讲,睡眠室要布置得当。

一个布置得当的睡眠室,不仅要看起来美观,还要容易打理,杜绝安全隐患。睡眠室里的光线要相对柔和,柔和的光线有助于提升孩子的睡眠质量。太亮或太暗的环境,都会让孩子们难以入睡。我们不要用大人的思维想当然地认为,睡眠室光线越暗越好。事实上,托管班的睡眠室要有一定的光照:一是,孩子不会因为黑漆漆的环境感到不安,放松下来更容易入睡;二是,在有一些光线的睡眠室里,老师更容易查看孩子的入睡情况,孩子们也不会因为太过黑暗而磕磕碰碰。

· 睡眠室要保证空气清新,有条件可以安装新风系统。

托管班里,一个睡眠室可能会有不少孩子同时休息,所以对空气质量的要求就比较高。新鲜空气可以促进血液循环,帮助食物消化,也不容易传播疾病。为保证睡眠室的空气质量,我们必须每天定时开窗通风。如果有条件的话,可以在睡眠室引入新风系统，或者安装一台比较好的空气净化器，也能够起到类似的效果。

· **睡眠室温度要适宜，不可太冷或太热。**

睡眠室的温度很重要，温度太低或太高，都容易引起儿童疾病。一般来讲，我们要保证睡眠室温度在25℃左右。与此同时，我们还要尽量控制睡眠室的湿度，不要过于干燥，也不能过分潮湿。

有了一个好的睡眠室，就拥有了保证孩子安全睡眠的基础。然而，只有物质条件还不够，我们托管班的服务也要跟上才行。

孩子们午睡之前，不宜做剧烈运动，同时，要有目的地安抚孩子的情绪。因为无论是身体上的强烈刺激还是精神上的强烈刺激，都会导致孩子难以入睡。睡前要组织孩子去小便，消除睡觉时的生理干扰，然后带着孩子们轻轻地进入睡眠室，安静地上床。

托管班的老师，应该对每个孩子的睡眠习惯都有基本的了解。有些孩子爱睡觉，我们就尽量让他们远离干扰，及早入睡；有的孩子不喜欢睡觉，甚至是讨厌午睡，就要对他们重点关注一下。如果发现这个孩子完全没有入睡的意图，可以把他带到别处。否则，一个孩子不睡觉、吵闹，整个班的孩子都睡不着。

孩子睡觉的时候，托管班的老师是不能跟着一起睡的，这期间还有许多工作要做，如维护睡眠秩序，检查并发现睡眠过程中的一些意外情况。这时，我们的老师需要提高警惕，做到"一听""二看""三摸""四做"。

"一听"，是要仔细倾听孩子的呼吸是否正常。

"二看"，是看看孩子们的神态，并判断他们到底睡着了没有，是不是有异常情况。

"三摸"，是摸摸孩子额头的温度，孩子睡觉时的体温很重要，如果体温过高，容易生病。

"四做"，是帮孩子盖被子。

老师最好不要坐在床头或椅子上指手画脚，这样容易分散孩子的注意力，难以入睡。针对个别情况，老师可以进行"针对性的谈话"。

作为托管班的管理者，要建立一套午睡安全管理应急机制。管理者不定期巡回检查，既是监督老师，也是观察孩子们的情况。

到了起床的时间，不要直接把孩子从睡梦中叫醒，先放一段松缓的音乐，让孩子在音乐声中自然醒来。孩子们起床后，托管班的老师可以带领孩子做一些保健运动。注意，睡觉后的保健运动动作一定要很缓慢，目的是让孩子们活动关节、恢复精神。

附录：学生安全责任书（范本）

为了确保学生在托管期间的人身安全，严格责任界限，根据教育部颁发的《学生伤害事故处理办法》和有关法律、法规规定，结合我托管中心实际，特制定本安全责任书，凡要托管学生不认同本责任书可拒绝入托：

1. 学生的监护人是父母或依法确定的监护人，其监护关系不因学生入托而转移给托管中心。托管中心与学生只是托管管理关系，监护人应对学生进行安全教育和遵纪守法教育，学生在托期间，托管中心应对学生进行安全教育和遵纪守法教育。

2. 学生在托管中心托管期间，因第三人或个人的原因造成身体受到伤害，由第三人或监护人承担赔偿责任；造成他人人身或财产损害的，由其监护人承担赔偿责任。如能够证明托管中心有过错的，按托管中心过错的大小确定托管中心应承担的赔偿责任。构成犯罪的，移交司法机关处理。

3. 符合下列条件即可确定与托管中心无过错：（1）损害事件的发生与托管中心的设施无关，或者虽与托管中心的设施有关，但托管中心的设施并无缺陷；（2）托管老师履行了应尽的教育管理职责，损害事件仍不可避免地必然发生。

4.严禁托管老师侮辱、殴打、体罚或变相体罚学生,如因此造成后果的由托管老师本人负责或由托管老师和托管中心共同负责。

5.托管中心严禁学生玩火、玩电、玩管制刀具等器物,因此发生赔偿纠纷,一般由肇事者承担责任。

6.托管中心必须保证学生的饮食安全(有过敏史的学生入托之前必需书面说明情况)。

此协议一式两份,签字后立即生效,双方各执一份。

甲方:××托管中心(盖章)　　　乙方(监护人):

　　×年×月×日　　　　　　　　　　　×年×月×日

附录：托管机构安全事故紧急预案

为确保托管班学生的生命财产安全，防范安全事故的发生，结合托管班的实际情况，制定本预案。

1. 防火预案

俗话说得好，水火无情，若想有效地应对火灾，必须制定好防控预案。

（1）成立防火领导小组，分工明确，责任到人。

（2）防火领导小组要定期检查防火设施，疏通绿色通道，配有紧急疏散图，保证应急灯的正常使用。

（3）厨房操作间保持通风。排油烟机要定期清洗，不留油垢。

（4）要加强对孩子和工作人员防火安全知识的教育与培训，工作人员要会使用灭火器；结合教育内容进行防火演习，使其掌握紧急情况下的逃生技能。

（5）火灾与报警应急处理。

①火灾发生后，立即拨打119报警。在报警电话中，要说明以下情况：起火位置、单位、着火物、火势大小、火场内有无化学物品及物品类型、着火部位、

报警人姓名、单位及所用电话等，并派人员在醒目处等候接车。

②在报警的同时，开启消防电源，打开安全疏散标志和应急照明设施。

③若火场内有人员，则应用灭火器具减弱火势对人员的威胁，全力抢救、疏散人员脱险逃生。

④在消防人员到达前，由灭火行动组尽力控制火势蔓延。

⑤灭火行动组应分秒必争，迅速行动，找准着火点，抓住时机，正确使用灭火器果断扑救，为接下来要开展的全面深入扑救工作打下良好基础。

⑥火灾发生后，老师负责引导孩子快速疏散，不得组织孩子进行灭火。

⑦其他人员要远离火场，保持道路畅通，为消防车辆疏通通道。

2.食物中毒预案

食品中毒常具有群发性，托管班千万不能马虎，要制定出翔实的应急预案。

（1）在食品安全工作中要成立预防食物中毒领导小组，落实职责。

（2）日常工作要求。

①购买食品原材料时，要到信誉好的正规厂家或商家购买。除了调料外，所有食品全部由厨房加工制作。

②掌握好食品原材料库存量及存放时间，妥善管理，不能出现发霉变质现象。仓库内要做好灭鼠工作。

③原材料的贮存要分架、离墙、分类、离地；食品的加工、存放、分发要生熟分开。

④饭菜按量制作与分发，不得存放剩饭剩菜。

⑤已加工完的饭菜，要及时加盖，做好防蝇防尘工作。

⑥非厨房人员严禁进入厨房。

⑦饭菜实行24小时留样并做好详细记录。

⑧老师加强对孩子的日常观察，及时发现异常现象。

（3）事故应急处理。

①就餐后，如果孩子出现腹泻、呕吐等现象，老师应立即将孩子送往医院。

②厨房人员负责保留好饭样及餐具，并送往卫生防疫部门进行检验。

③稳定孩子的情绪，做好家长的工作，保证托管班正常的工作秩序和生活秩序。

④及时向当地卫生防疫部门报告相关处理情况。

⑤组织陪护人员，具体负责对接家长与陪护事宜。

3. 突发事件应急预案

（1）成立突发事件领导小组，针对不同事件进行分工负责。

（2）日常工作要求。

①要定期检查，发现安全隐患及时处理。

②出入托管班时，要有专人在门口巡视，防止无关人员进入。

（3）事件应急处理。

①事件负责人立刻打电话向管理者报告。

②疏散孩子和工作人员到安全地带，确保孩子和工作人员的生命安全。

③如果孩子在事故中受伤，简单处理后迅速地送往医院。

④如果是外来原因造成的事故，迅速拨打110报警。

⑤等待救援时，严格控制闲杂人员进入，避免出现混乱状态。

4. 防震预案

（1）成立应急机构，明确职责。

（2）应急措施。

①发生地震时，要先看清自己所处的位置，有序组织孩子迅速转移至安全区。

②平时要教育孩子地震中的自救及逃生的基本方法，熟悉几条逃生路线。

③老师要学会如何保护好孩子，如果在室外活动，要把孩子集中在空旷场地；如果在楼室内，来不及撤离时，寻找合适的躲避位置，如承重墙的墙根、墙角，卫生间等小房间，并且注意保护好头部。人蹲下，脸朝下，额头枕在两臂上，这样的姿势可以在地震时保护好头部。

④孩子不能慌张、随意乱跑或哭闹，要听从老师的指挥，以免造成更大的伤害。

⑤老师与孩子在一起，教育孩子并给孩子以心理上的安慰。

（3）震后应急行动方案。

地震发生后，如果能撤离，要迅速组织孩子撤离到安全地带。与此同时，医护人员及抢险救护人员要实施救助工作，并做好师生思想工作，消除地震谣言。

如果地震发生后被困于室内或被建筑物挤压不能迅速撤离，千万不要惊慌，要就近检查孩子身体状况，并尽量为孩子寻找饮食。不能盲目采取措施，要懂得发出报险信号并等待救援。

第七章

沟通互动 |
如何与家长打好交道

与家长打交道，是托管班老师及管理者的一项重要工作。我们服务的对象是孩子，但出钱的是家长。所以，家长和孩子是同样重要的。如果我们能够与家长打好交道，不仅可以避免很多可能发生的问题，还能够让家长更配合我们的工作。所谓"家长"，不是某个人，而是一个一个性格迥异、特点鲜明的具体对象，在工作中一定要掌握与不同家长打交道的技巧，有的放矢，避免对抗产生的阻力和麻烦。当然，作为托管班的管理者和老师，也不能对家长的一切意见言听计从，在经营中，我们有自己的思路和方向，要坚持自己的原则和底线。而这其中的"尺寸"，需要我们在学习和实践中把握。

不同的家长类型

托管班的管理者和老师，不管哪个岗位都需要具备与不同性格特点的家长沟通的能力。正所谓"人上一百，形形色色"，家长的性格都是不同的。我们需要根据不同的性格特点，来与家长交涉、沟通，才能有更好的效果。

·理智型家长

这类家长是托管班管理者和老师最希望遇到的——文化素养较高，不盛气凌人，脾气温和、处事理性。这类家长在和老师沟通的时候，主要以询问孩子的近况为主，并且能够虚心接受老师提出的一些建议和意见。

我们应该知道，虽然这样的家长讲道理，但并不是说你和他们交流的时候就可以随便说。与这类家长沟通，要尽量把话说得简单明白、逻辑性强一些。他们愿意听你介绍孩子还有哪些方面的不足，但不能接受你随随便便给孩子"扣帽子""下定论"。

与这类家长沟通的时候，不妨多听听他们是怎么说的，了解一下他们是如何教育孩子的，然后根据他们的思路，提出自己的看法。同时我们也应该意识到，这类家长很可能成为"家长群"中的意见领袖，所以我们要和他们积极地进行沟通，赢得他们的信任之后，他们会把这份信任传播开来，这对于我们托管班的工作是非常有利的。

· 溺爱放纵型家长

与理智型家长相反的，是溺爱放纵型的家长。

理智型的家长讲理性，而溺爱放纵型的家长，则一切从感性出发。比如，他们和你交流的时候，经常会这样说："我们孩子不开心""我们孩子不满意""我们孩子今天受委屈了"等等。总之，孩子的情感不能受委屈，孩子因为什么事情不开心，他们似乎并不太在意。

这类家长对孩子的约束力很差，他们自己管不住孩子，就寄希望于学校和校外机构能够帮助他们管孩子。但与此同时，他们又担心老师在管教孩子的时候让孩子受了委屈。所以，溺爱放纵型的家长，其实是非常矛盾的，故而显得比较"难缠"一些。

对于这类家长，在跟他们沟通的时候，一定要以正面赞美孩子为主，提出改进意见为辅；以情感引导为主，以实事求是为辅。实际上，溺爱放纵型的家长，自己也知道孩子可能比较"恃宠而骄"，但即便如此，当孩子犯错的时候，他们还是会无条件地站在孩子一边，这是他们的惯性思维。所以，托管班的老师，即便要指出他们孩子的问题，首先也要让对方觉得你这么做是为了孩子更好。只有这样，他们才能够愿意继续听取你的意见。

· 自由成长型家长

有些家长对于孩子的管教似乎不太上心，他们觉得，自己不应该过多干涉孩子的事情，让孩子自己去处理就好了。对于托管机构来说，碰见这样的家长也不见得是好事，因为他们常常把孩子送到托管班之后，就不管不问了。当你希望家长能够配合工作的时候，他们经常会说："我都给你们钱了，这些事情你们自己就不能解决吗？"

这类家长之所以对孩子看管得没有那么严，可能是为了让孩子能够完全自由地成长。

对于这类型的家长，我们一定要在他们面前多赞美孩子，帮助他们挖掘孩子的优点，目的是提高他们对孩子的监管力度。当然，自由成长型的家长也不是不好，在他们的教育方式下，可能会教育出更加独立、更加自主的孩子。但是在目前的社会环境下，我们还是希望家长能够对孩子多一些关注和投入。

· 期望过剩型家长

与自由成长型家长相反的，是期望过剩型。有些家长会把自己想要实现却没能实现的理想，强加到孩子身上。所以，他们对于孩子的期望是非常高的。这样的家长，会给孩子和老师以极大的压力。

和这些家长沟通的时候，不要试图强行扭转他们的想法。毕竟，他们的想法不能说是完全错误的，毕竟孩子是有潜力的，未来有无限可能。也许，真的会通过家长的"极限施压"，可以激发出孩子的潜能，创造一个奇迹。在面对这类家长时，一定要冷静耐心，积极应对，只要做到"问心无愧、尽职尽责"就足够了，不要试图改变他们的想法，也没有必要完全满足他们不切实际的需求。最好是可以通过旁敲侧击的方式，来让他们明白托管班的主要职责和管理边界。

· 经济驱动型家长

经济驱动型的家长，他们在教育孩子的时候，什么事情都能和"钱"挂上钩。比如，写完作业奖励20元，考试前进一名奖励100元，得到老师表扬奖励 50 元……这类家长通过物质奖励来调动孩子的积极性，往往忽视了孩子精神方面的需求。他们的孩子，也习惯于为奖励去做事情，离开奖励对什么事情都不太积极了。

对于这类家长，我们要提醒他们孩子在精神方面的需求，希望家长可以予以满足。

经济驱动型的家长，在本质上是希望孩子能够出类拔萃的。如果托管班老师能够给出一些中肯的意见，他们通常还是比较愿意接受的。另外，这部分家长也有一个通病，就是对金钱比较敏感，托管班在和他们谈具体的费用问题时，一定要明明白白地说清楚，以免节外生枝。

以上，就是我们在工作中比较常见的几种家长类型，只要掌握了他们的特点，以相应的方式沟通，还是比较好打交道的。更何况，如果一切都是以"孩子好"为出发点，大家还是愿意配合的，我们不必因为需要处理与家长的关系而感到焦虑、担心。

与家长沟通的基本方法

俗话说："一句话说得人笑，一句话说得人跳。"作为托管班的管理者和老师，在和家长们沟通的时候，最核心的目的当然是为了更好地为孩子服务。即便我们和家长的目标是一致的，如果在沟通的时候不讲究方式方法，还是可能会和家长产生一些沟通上的问题。所以，我们要掌握一些与家长沟通的小技巧，来提高双方的沟通效率。

一般来讲，我们和家长沟通的方式有三种：面谈、文字沟通、语言沟通。每一种方式都有自己的特点和需要注意的事项。

开家长会或者单独叫家长的沟通，就是面谈。我们与家长面谈的时候，一定要注意自己的仪态和表情，只有老师仪态端庄、表情管理到位，才能够让家长觉得老师是专业的，才会更加信任你。

与家长通过短信和微信沟通，就是文字沟通。文字沟通的好处在于可以反复斟酌，坏处是如果语言处置不当，可能会引起歧义，而且留下确凿的证据。所以，我们在使用文字进行沟通的时候，一定要用书面语言，力求准确、简介。

通过电话沟通，就是语言沟通。语言沟通和面谈很不一样，因为面谈是双方都约好了之后进行的，彼此之间都有准备。通过电话联系的话，就显得比较突然，最起码一方是没有准备的。这时候，我们一定要注意，在电话沟通时，语气要平静，叙述要清楚，以免因为一些语气或话语上的问题，引起误会。

除了沟通方式不同之外，沟通的主动性也有所不同。有时候是家长主动与老师沟通，有时则是老师要主动找家长沟通。因为主动性不一样，所以沟通的方式也不一样。

家长主动找老师沟通，通常有两种可能：一种是询问孩子的情况，这时候老师如实回答就可以了；另一种是家长有问题要和老师探讨。

家长有问题和老师探讨时，老师要认真倾听，在家长叙述问题的时候，不要打断他。在听明白他的问题之后，要按照以下步骤进行解答。

首先是讲道理，其次是摆事实，再次是总结，最后是深化认知。

举例来说，家长问："你们为什么中午不能抽出一段时间来给孩子补习一下拼音？"

首先，我们要讲道理，可以告诉家长说，孩子的逻辑思维从6岁的时候开始发展，这时候他们的接受能力比较差，如果我们在短时间内灌输给他们太多知识，孩子反而理解不了。而且，超前学习可能会打压孩子的学习兴趣，让孩子讨厌学习。

其次，就是要摆事实。我们可以说，今天中午，我们组织绘本阅读活动，通过给孩子讲故事，让他们根据听到的故事表演相关情节，提高他们的理解能力和语言能力，对孩子的成长是有好处的。

再次，就是要总结。我们可以告诉家长，托管班虽然带领孩子们做游戏比较多，看上去什么都没教，但是我们不是瞎玩，在游戏中可以学到人际交往、语言交流、规则意识等生活经验，这些东西都是在书本上学不到的。

最后，为了升华家长的认知。我们可以提醒家长观察一下孩子，是不是比以前更加乐观开朗了。通过夸赞孩子，来表明我们的工作是有效果的，这样一来家长比较容易接受，也愿意接受。

当然，一个孩子背后的家长不止一位，和老师沟通的有时候是父亲、有时候母亲，有时候还可能是老人。对于不同的人，我们也要采取不同的沟通方式。

当孩子的爷爷奶奶来找我们沟通的时候，我们要记住，对待老年家长，一定要耐心、尊重他们的权威性、以商量的语气和他们沟通。比如，有学生的奶奶来询问孩子挑食，不吃蔬菜。老师可以和他们这样说："您是说孩子在家不吃菜只吃肉，希望在托管班里多吃一些菜对吧？您的这种营养观念是对的，孩子一定要营养均衡。但是现在这个年龄段的孩子，正是成长的关键期，需要大量的蛋白质来长肌肉，所以，适当地多吃一些肉是没有问题的。我们托管班也一直是按照孩子的营养需求提供饮食的，这个您放心。"

在对话中，既要承认老年人的"权威性"，又要婉转地表达自己的意见，最后还要给老人吃一颗定心丸，如此沟通效果才好。

与年轻女性家长沟通时，要强调自己对孩子的用心和周到，让她们觉得老师对孩子是无微不至的，引起她们的情感共鸣。与年轻男性家长沟通时，要强调孩子的优缺点，进行理性的分析，给出合理的建议，这样才能让男性家长更加信任托管班。

以上是家长主动沟通时的一些应对方法。假如老师有事情需要主动和家长沟通，应该采取什么方式呢？

老师主动沟通，可能最常见的是要向家长反映一些问题。这时候，我们可以采取以下步骤：先讲孩子的优点，然后再描述缺点，还要分析出问题的所在，最后提出建议。

比如，一个孩子在托管班里打了别人，老师给家长打电话，应该这么说："××家长您好，最近××在托管班吃饭很乖，也很听话，比以前大有进步（这是在讲优点）。但是，今天中午，××在休息的时候，向另外一个小朋友要玩具，小朋友不给他，于是他就打了小朋友一下，小朋友哭得很厉害，我们好不容易才哄好（这是在描述缺点）。"

接下来，我们就要分析问题："孩子们还小，不知道如何正确表达自己的意愿，所以会采取肢体语言，最后发生了这样的事情。"然后是提出建议："我建议您带××给小朋友道个歉，然后可以带着××看一些关于控制情绪的动画片。"

这样和家长沟通，效果要比我们直接说问题好得多，家长也更愿意接受。

老师和家长进行沟通的时候，要注意几点原则：一是时间上，最好选择中午或者晚上，因为这时候家长有比较充裕的时间；二是控制自己的情绪，尤其是电话沟通，一定要不急不躁；三是控制沟通时间，话不在多，说明白就好。

以上是老师有计划地和家长沟通，但是有些情况下，我们可能会因为一些突发状况需要和家长沟通。这时候我们该怎么办呢？首先，先要把事情处理到位；其次要安抚家长情绪；第三要解决问题；最后要进行完善工作。

比如，小朋友不小心被夹到了手，我们需要通知家长。

在通知家长之前，我们首先要对情况有一个基本的判断：是皮外伤？还是骨头出现了问题？否则家长问你严重吗，你却说不知道，很容易点燃家长的情绪。

其次，要及时处理，给孩子进行包扎、冷敷等，然后再进入到沟通环节。在沟通中，一定要注意安抚家长的情绪，可以这么说："家长您好，今天孩子不小心伤到了手指，但是没有什么大问题，皮外伤。我们已经妥善地处理过了，待会儿还会送孩子去做进一步的检查。您不要着急，如果有时间的话，您可以过来一趟。如果抽不开身，那我随时向您通报情况，您看行吗？"

在事情处理好之后，我们还应该做回访，询问一下孩子的情况。最后，还要把托管班相关的整改机制也告诉家长，以示重视。

总而言之，遇到突发状况，我们的原则是：以诚恳的态度与家长沟通，一不强词夺理，二不隐瞒事实，用专业的态度和良好的情绪，与家长进行深度交流。

如何召开家长会

托管班也是需要召开家长会的，可能很多托管班都不会特别重视这一个"小小的会议"，但对于有经验的托管班管理者而言，他们非常明白，家长会既是托管班与家长们的沟通平台，也是家长们"检阅"托管班的一个机会。

托管班首先要做的，就是给家长一个到场的理由。不少托管机构都会不定期开家长会，对近一段时间的工作进行总结传达，对下一阶段的工作对家长们进行告知。经常开家长会，面对面的沟通是和家长进行最亲密接触的时候。如果我们的工作做得足够好，不妨给他们一个这样的机会，让家长更加安心。

开好一次家长会，要比想象中复杂一些。在此过程中，我们有许多需要注意的地方。

首先环境卫生是个大问题，一定要把卫生工作搞好，教室里一定要干净，通风，地面如果铺设的是大理石的话，要能反光才行；温度也不容忽视，如果是夏天，既要保持一个比较舒适的温度，又不能让空调直吹任何一个家长，这样会让家长觉得孩子平时很可能会挨冻，进而把孩子感冒等问题归结到托管班身上。

家长会前，我们要把座椅的间距调整好，并且要把课桌擦干净，有缺损的课桌要进行维修，有些家长非常关注这些细节。要记住给每个家长准备一瓶矿泉水。

开家长之前，我们可以提前设计一份调查问卷，通过问卷的形式，去了解家长们可能会在家长会上反映哪些问题，并提前做好准备。同时，我们还可以准备一些优秀的作业或是孩子们的手工作品，进行展览。一来可以起到奖励和鼓励的作用，二来也可以让家长们以此为契机，相互交流，找到差距。

在家长会上，我们要谈现象，不要点名字，要多举一些例子，不要光是说教。在谈及问题的时候，我们要一视同仁，不要区别对待，更不要针对某一个孩子的问题大说特说。

在家长会上，我们要做好应对一些突发状况的准备。比如说，面对家长提出的某些诉求，我们要耐心倾听，在倾听过后，最好不要当场做决定，而是要告诉家长，托管班要以集体利益为先，需要统筹考虑后给出解决方案。

还有些家长可能对于托管班的工作有自己的一套想法，他们不仅会提要求，而且会拿出"指导工作"的架势来与你交流。这时候，我们要拿出一些实际的案例，来进行陈述，告诉家长他们合理化的建议我们会采纳的。

一场好的家长会，会给我们教学增添色彩，让我们服务有效果，让家长获得成长。

孩子打架了，要和家长这样说

小孩子们精力旺盛，性格冲动，所以托管班的管理者可能会遭遇孩子打架的问题。

孩子们在打架之后，其实彼此之间的关系还是比较好协调的，因为他们比较单纯，也没有那么记仇，事情过去也就算了。难就难在，和双方家长的沟通。在这个过程中，可能会遇到一些意想不到的问题。所以，对于孩子打架的问题，我们要提前做好预案。

首先，在发现孩子打架之后，要第一时间控制打架双方，停止纷争。这时候，我们不要向打架的双方了解情况，而是应该询问目击者当时发生了什么？谁先动的手？因为什么事情？这样做，一来是因为目击者置身事外，他们的描述更加客观，二来是为了找一些"证据"。然后根据孩子们的性格不同，选择合适的对话方式，对孩子们进行相关的批评教育，引导孩子认识到自己的错误，然后对纠纷进行处理，该道歉的道歉，该握手言和的握手言和，并相互保证纠纷不会继续下去，老师要再次强调，如果再犯这类错误的严重后果。

如果是一方打了另外一方，另外一方没有还手。那么不管情况如何，都应该让打人者向被打者道歉，并且要让他说明错在哪，这个场景可以录下来。此后，我们要联系打人者和被打者的家长。

在通知被打者家长的时候，我们先要说明当时的情况，虽然有一些肢体接触，但是孩子并无大碍，且要告诉家长对方的孩子已经道歉、认错。此时，我们的主要目的是平息家长的不忿，不要让事情扩大化。

另外，我们还需要多关注打人的孩子，判断他是一时冲动，还有平时就喜欢用暴力解决问题。如果是后者，那么在日后的管理过程中，就要特别注意这个孩子，最好经常交给他一些事来做。比如帮助其他同学盛饭，负责清点作业本的数目等，一方面给他创造和其他同学和谐相处的机会，另一方面也是让他有事可做，减少惹是生非的机会。

如果是双方打架，彼此都还手了。这时候，如果问题不严重的话，我们要对双方进行批评教育，如果他们和解了，那么我们可以在家长接孩子的时候跟双方家长提及此事，一起将此事处理好。

如果两个孩子在打架的过程中，形成了一定的伤害。那么当时就要给家长打电话，说明情况，并且约定一个时间，让双方家长都来一趟。如果伤情稍微严重一些的话，托管班要把孩子送到医院去简单处理，这样能够让双方家长都引起重视。

对于托管班来讲，我们还是希望尽量可以将大事化小、小事化了。我们所做的这一切，其实都是为了控制家长的情绪，让他们觉得问题已经得到了妥善的处理，不必大动肝火。

还有一种情况，就是某个孩子平时总是被某些孩子欺负。这时候，我们要特别注意，因为很多学生间严重的暴力事件，就是这样形成的——要么是欺负人的人手段不断升级，要么是被欺负的人忍耐到了极点突然爆发，无论是哪一种情况，问题都很严重。我们一是要加以阻止，保护被欺负的孩子，对他采取一些的"隔离"手段；二是要教导欺负人的那些孩子，告诉他们不能恃强凌弱，更不能以多欺少。

作为托管班的带班老师，一定要关注一下打架的孩子之间的动态，防止孩子因为之前事情闹得不愉快，而产生更激烈的反应。

不管怎么说，托管班里的打架事情一定要妥善处理，这样有利于托管班的发展壮大。

家长的难题我们怎么解

有些家长会给托管班出难题，而难题的种类又是方方面面的，面对这些难题我们怎么处理呢？考验我们托管班管理者的时候到了！

有些家长喜欢搞特殊化，总是希望他们家的孩子在托管班中可以享受到一些特殊待遇。比如随意更换床铺——夏天要靠阴凉处，冬天要靠暖气边；再比如想要给孩子加餐，希望托管班能给孩子开小灶。

对于这部分家长，我们的管理者可以这么回答："孩子成长的过程中，家长总希望他顺顺利利的，总希望给他最好的东西，甚至是别人没有的东西。但是我们要知道，孩子虽小，他们也是社会的一部分，需要从小就培养他们的规则意识，这样孩子将来才能在集体生活中找到自己的位置。

"从和您的接触中，我能感觉您是社会上的精英，如何让自己的孩子成为小社会中的精英，相信不用我多讲了。不外乎是给予孩子更多一些的自主权，让他学会通过自己的努力获得想要的东西。如果我们把一切优越的条件都给孩子准备好，反而会损坏孩子的上进心。"

通过这番话，相信家长即便不同意你的观点，也不再会随意提出一些特殊化的要求了。

还有些家长，喜欢在老师面前抱怨孩子不听话，他们的潜台词就是希望老师可以多管一管孩子，多重视孩子。他们的本意是好的，但是如果当着孩子的面说这些话，会给孩子造成不好的影响，有些孩子甚至会破罐破摔——你不是说我不听话吗？那我就在托管班不听话给你看。

这时候，老师应该告诉家长："孩子只是活泼好动一些，并不是不听话，他在托管班里很听话，和同学的关系也很好。孩子属于比较有主见的那一类，有时候他只是有自己的想法，才显得不那么听话。不管怎么说，孩子是一个懂事的孩子，知道是非对错，如果他真的错了，他也会勇于承认。"

这番话孩子爱听，家长也爱听，同时还会给孩子一些正确的价值引导，让他们以后在托管班里更加懂事、更讲道理。

有些家长的要求则比较具体，他们会提出一些类似于换座位、换床位的要求。这时候，如果你觉得家长的要求是有道理的，也不要轻易答应，而是要和家长说，最好让孩子先去和别的孩子协商，靠自己的力量去达成他的目的，这样能够锻炼孩子的交际能力。

如果孩子协商失败，我们也不要插手去管这件事情，因为如果老师强行要求更换座位，会让其他同学觉得老师不公平，由此带来一些其他的问题。我们可以问想要换座位的孩子，和同学们沟通了之后，还想换座位吗？这时候他可能已经意识到，换座位是一件非常麻烦其他同学的事情，自己就放弃了。最后我们可以告诉家长，孩子觉得现在的座位挺好的，不用换了，我们还是尊重孩子的选择吧。

有些家长在沟通过程中，甚至会替老师"操心"：哎呀，你这么年轻，自己都没孩子，这么能带好孩子呢？遇上这样的家长，我们先不要生气，而是要心平气和地跟他们讲："年轻也意味着有大量时间专研教学，也能够把更多的精力放到学生的身上。虽然我没有孩子，但是我把咱们这里的每一个孩子都当成自己的孩子，用心对待。"这番话说出来，一来是比较得体地反驳了对方的观点，二来也会让对方觉得你是值得信任的。

有些家长刚把孩子送进托管班的时候，会非常不放心，他们甚至会因为担心而直接质疑托管班的某些现象。对于这部分家长的质疑，我们一是要将服务做到位，通过加强管理，让托管班显得更有秩序，让孩子们在托管班中待得更舒服、更满意；二是自己的内心一定要自省，不要因为有家长质疑，就显得诚惶诚恐，我们可以告诉他们，在这个行业中，我们有自己的经验。请家长相信我们，我们一定能做到让家长和孩子满意。

在托管班的经营过程，我们一定会遇到这样或那样的问题，上面列举的几个案例，只不过是其中有代表性的一部分。但是不管遇到多少事情，我们只要本着有礼有节、有理有据的原则与家长进行沟通，就一定能够妥善解决。

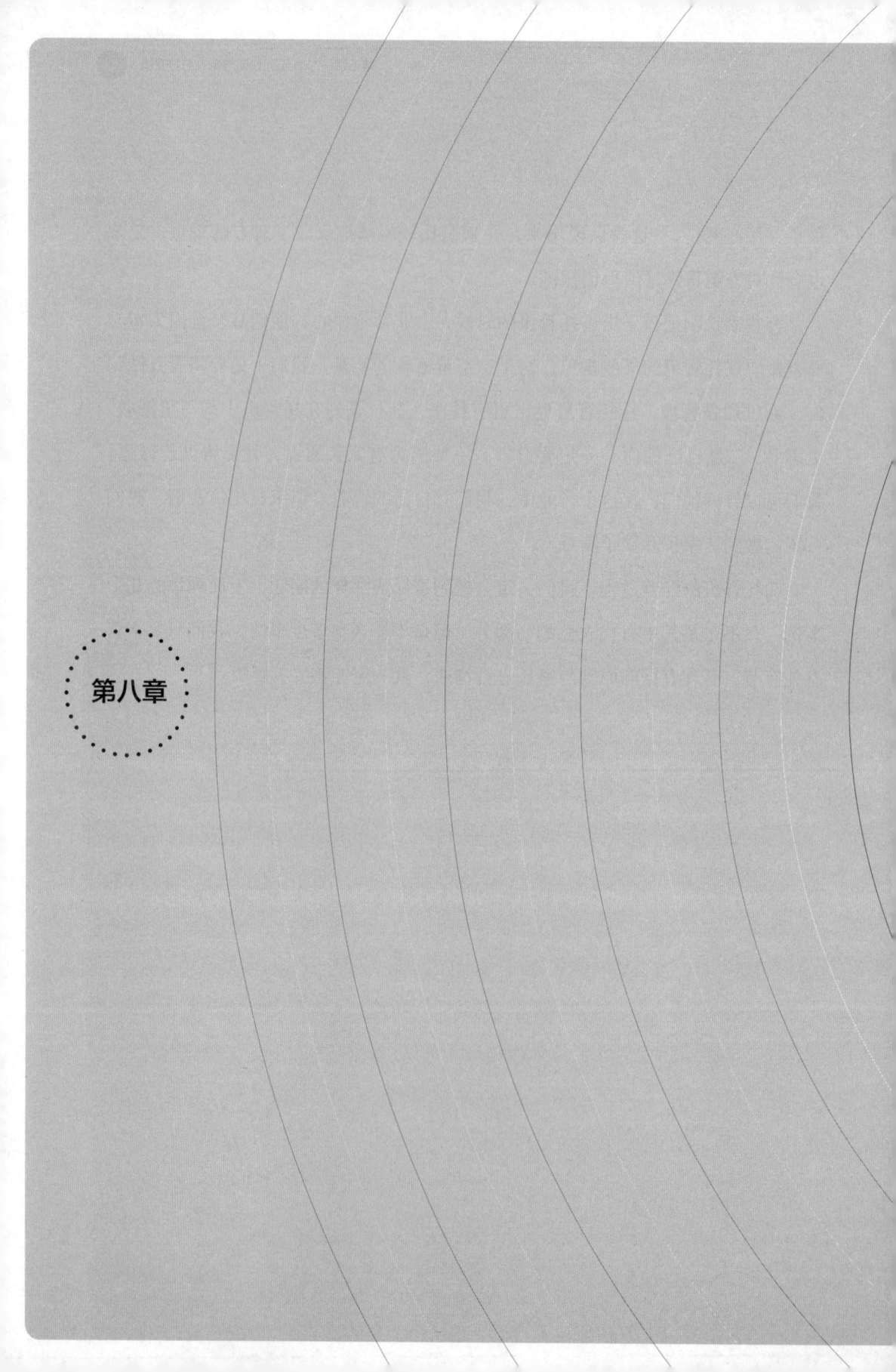

第八章

心理关护 |
关爱孩子幼小的心灵

儿童是非常情绪化的，如果站在大人的角度去观察儿童的行为，就会感觉很不可思议。"他们为什么要这么做？""他们的目的是什么？"想来想去，也不会有明确的答案。事实上，孩子的心理活动其实是有一定规律的，如果我们对儿童的心理特点有一定的了解，就能够明白，在他们行为的背后，隐藏着孩子们的某种诉求和动机。假如我们能够多了解一些孩子的心理特点，就能够在工作中更好地完成对儿童的心理建设，这不仅可以帮助孩子们健康成长，也能够降低我们的工作难度，提高我们的专业化水平。

认识儿童的心理需求

托管班不仅要满足学生生活上的需要，也要满足学生某些心理上的需求。只有满足他们的心理需求，才能让他们愿意上托管班，甚至是爱上托管班。如果没有满足孩子们的相关心理需求，那么他们就会对托管班产生抵触情绪，也会增加托管班的管理难度。那么，托管班需要满足学生哪些心理上的需求呢？

第一，要让孩子感觉到被重视，感受到自己的价值。

孩子们天生希望得到重视，来自他人的重视会提升孩子们的安全感。对于上托管班的孩子而言，他们有时候显得比较暴躁、不服管教，或者有抵触情绪，很大程度上是由不安全感造成的。所以，我们要给予孩子足够的重视，提升他们的安全感。

如何让孩子感到自己被重视呢？

首先，当他们提出要求之后，不论你能否满足他们的要求，都要积极做出回应。通俗而言就是不要让孩子的话"落在地上"。

其次，遇到问题的时候，我们要尽量与孩子们商量，让每一个孩子都参与到

"决策"中。比如，每天的游戏项目可以让孩子们自己选择或者发明创造；每天的午餐可以提前让孩子们点餐，按照孩子们的口味来制作，等等。这种方式能够让孩子们觉得自己是有发言权的，自己的意见是会得到重视的，每一个孩子都认为自己在这里很重要，没有自己"不行"。

孩子如果没有安全感，他就不会信任别人，也无法与别人建立感情。对于托管班来讲，如果你不能给孩子安全感，那么孩子就始终不会觉得在这里有归属感，也不会对周围的小伙伴、老师友好，这对托管班的工作是非常不利的。

第二，要满足孩子的常规期待。

孩子的世界其实很单纯，也很容易满足。比如有些孩子去托管班，就是为了中午可以玩某个玩具，只要能玩这个玩具，他们就会获得极大的满足感和愉悦感；有些孩子喜欢去托管班，则仅仅是因为托管班的某个小点心很好吃，吃到点心，他们就满足了。

作为托管班的管理者，我们要想办法让孩子知道什么是可以期待的事，他才会觉得舒适自在。为了实现这一目标，我们要细心观察孩子们的喜好——他们在托管班的时候，经常会因为什么事情感到开心？会因为什么事情感到沮丧？只有这样，我们才能持久地满足孩子某个方面的期待，让他们对托管班充满留恋。

第三，要满足儿童对于榜样的模仿需求。

其实孩子是非常需要榜样的，他们也一定会找到一个榜样。在托管班里也是如此，他们经常会模仿托管班里其他孩子的行为。如果托管班里"人缘"最好的那个孩子，恰恰也是最淘气的那个，那么问题就比较严重了，大家会跟着他一起淘气。所以，托管班的管理者一定要搞明白，在托管班里哪个孩子是其他人的"榜样"，且对这个孩子给予足够的重视，让他成为一个正面的榜样，如此一来，其他孩子也会向着好的方向发展。

第四，要满足孩子担负责任的意愿。

从表面上看，孩子们是不愿意担负"责任"的，但实际上，即使是儿童，也有"负责任"的需求。所以，我们在托管班的实际工作中，可以找一些能够让孩子负责任的事情，比如发放小零食、收作业，等等。只有孩子们觉得自己在托管班中是有责任，甚至是有"使命"的，他们才会有主人翁意识，对于托管班也更有认同感。

第五，要及时鼓励受挫的孩子。

鼓励教育现在已经成为一种流行的教育方式，托管班对孩子的教育更要以鼓励为主，当某个孩子受到挫折之后，要及时地给他一些鼓励。鼓励可以增加孩子的自信心，也增加他们对于鼓励者的好感，进而降低托管班的管理难度。

总而言之，托管班需要满足的儿童心理需求，并通过满足孩子的心理需求，让他们对托管班这个集体充满好感、充满热情，甚至充满归属感。要做到这一点，首先是我们需要让每一个员工都具备这方面的意识，让他们把五种满足贯彻到日常的工作中。其次，也是最重要的一点是，在我们招募员工时，一定要尽量招募那些热爱托管事业、真正关爱儿童的人，要知道，发自内心真诚的关爱，就是对孩子们最大的关心。

工作人员与孩子的相处之道

　　托管班的工作人员,每天都在与孩子们相处,这是我们的工作。如果我们与孩子相处的好,那我们的工作就会很顺利,很轻松;反之,我们的工作就会很吃力。

　　和孩子相处,有一个最基本的原则,就是"言传身教"。不管是教育自己的孩子,还是管理托管班的学生,这四个字都是金科玉律。

　　之所以要言传身教,就是因为孩子其实时时刻刻都在模仿自己身边的人。在托管班里,如果老师习惯于大吼大叫,那孩子们在上课的时候怎么会安安静静呢?他们在有负面情绪的时候怎么会心平气和呢?我们经常可以在托管班里看到这样的场景:老师为了维持秩序而声嘶力竭,孩子们呢,则以更大的声音和更激烈的情绪予以回应,这就形成了一个恶性的循环。

　　有些教师觉得孩子"不听话",自己怎么苦口婆心地劝导,他们都是左耳朵进右耳朵出。其实,有时候我们也应该反省一下自己:我和孩子们交流过程中,做到"耐心倾听"了吗?如果你做不到认认真真地听孩子们讲话,他们怎么会愿意听你的呢?

　　所以,言传身教,首先要从自己做起。通过自己的言行,去带动集体的氛围。

老师不要在工作中扮演"警察、法官"的角色，而要把自己当成孩子们的榜样、朋友，只有这样，才能与孩子们建立更融洽的关系。

在很多托管班还会出现一种现象，就是用电视去吸引孩子的注意力，以此来降低管理的难度。

很多时候，这种办法确实比较有效，但我们千万不要把它当成唯一的办法。如果孩子们每天生活在电视和手机的世界里，他们就会变得封闭自我。当家长询问孩子："你在托管班干了什么"的时候，孩子总是说"看电视了，玩手机了"，这会引起家长的不满。现在，很多家长是比较抵触孩子们长时间接触电视和手机的。所以，当我们给孩子看电视的时候，一定要选择一些有益于培养孩子们认知的节目内容，在看完电视之后，还要组织孩子们进行讨论。如此一来，就可以科学地利用电视。

与孩子们相处的过程中，还有一件非常重要的事情，就是规则的描述和执行。每个托管班都有自己的"规则"，用来约束学生的行为，但是在对学生解释这些规则的时候，他们可能并不能马上理解。这就需要教师在日常的管理和沟通中，不断地去强调规则、维护规则。比如，托管班规定午睡的时候不许聊天，那么在大部分情况下，只要孩子们开始聊天，就要马上制止。有些老师今天管得很严，明天管得比较松，如此一来，规则的权威性和不可违逆性就失去了，等到下次你再想用规则去约束孩子的时候，就很难了。

当然，托管班里，不能只有冷冰冰的规则，在和孩子们沟通的时候，我们也应该使用一些孩子比较容易接受的沟通方式。

首先，我们应该学会适时表扬孩子。

你因为某件事情表扬了一个孩子，这个孩子当然会很高兴，他为了得到进一步的表扬，会不断地重复这件事情，而其他孩子也希望得到表扬，进而就会模仿这个孩子的行为。比如，有时候孩子们在吃饭的时候打闹，我们不要先急着制止正在打闹中的孩子，而是先去表扬那些乖乖吃饭的孩子。这样一来，我们很可能不用批评谁，就能够很好地维持托管班的秩序。

其次，和孩子们相处的时候，不要絮絮叨叨。

有些托管班的老师，和孩子沟通的时候会用很长的时间反复强调一件事，结果孩子越听越烦，老师看见孩子心不在焉，更加生气，于是开始变本加厉地喋喋不休……事实上，大部分小学生的注意力只有二十几分钟而已，在托管班这种环境中，他们的注意力会更弱一些。所以，与孩子交流的时候过于唠叨，肯定是没有效果的，我们不妨把话说得简单易懂一些。

最后，和孩子相处的时候，讲话的音量也很重要。

如果和孩子讲话嗓门太大，一来会让他们产生听觉上的疲劳，二来也会让孩子们感到不安，最终影响到孩子的注意力和情绪。托管班的老师在讲话时，一定要注意声音的高低起伏，让自己的声音更加悦耳。不要小瞧这一点，在实际的工作中，那些声音很好听的人，确实更能赢得孩子们的好感，让他们更愿意服从你的安排。

孩子情绪失控怎么办

在托管班里，经常会遇到孩子情绪失控的情况。对于这种现象，一定要及时遏制，因为情绪是会传染的。如果一个孩子的坏情绪不能得到安抚，那么所有的孩子都会因此受到影响，到时候管理的难度就非常大了。

面对孩子情绪失控，老师首先应该保持冷静，千万不能被孩子的情绪绑架。这时候，老师要做的是将闹情绪的孩子与其他孩子分开，如此一来，可以避免情绪的传染。另外，也可以给闹情绪的孩子一个更容易冷静下来的空间。

经常闹情绪的孩子，一般都比较缺乏安全感。他们在闹情绪的时候，一般会有以下几种情绪变化的阶段。

第一阶段，非常生气地抗议，即使你满足了他们的需求，他们还是不满意，会继续在其他事情上进行抗议。

第二阶段，紧紧地跟着老师。

第三阶段，不再紧跟老师，而是独自找一个地方生闷气。

从表面上看，孩子闹情绪一般都会经过这三个阶段。事实上，还有两个情绪变化的阶段，是从外在表现上看不出来的：忧郁阶段和情感剥离阶段。

在忧郁阶段，孩子不愿意与其他人交流，积极的情绪无法被唤醒。

在情感剥离阶段，孩子脑子里就剩下了一个念头——离开这里！回家！再也不来了！

进入这两个阶段以后，对于托管班老师就很麻烦了，因为已经很难扭转他们的负面情绪了。所以，在孩子闹情绪的时候，我们最好要及早发现，及早处理。

当孩子开始抗议的时候，我们就要判断——孩子确实是因为对某件具体的事情不满意而抗议，还是因为他的情绪整体出现了问题。如果是前者，我们与他正常沟通即可；如果是后者，我们就要对他的情绪进行安抚了。

安抚孩子的情绪，我们首先要对他们的诉求给予足够的重视，但要清楚的是，重视不代表必须满足。具体怎么办呢？当孩子提出要求的时候，我们要给出反应。有些老师认为，孩子提出的要求不合理，干脆不理他算了。这样的做法，反而会激怒孩子，让他们从闹情绪的第一阶段进入到第二阶段。不管孩子的要求是否合理，你都应该首先给予回应，如果可以满足，就满足。如果孩子的要求不合理，不能予以满足，要耐心地给他解释为什么不行。

当然，有时候孩子的抗议可能是"无声"的，我们的老师没有察觉，于是他们也会进入第二个阶段，就是紧跟老师，显得特别粘人。这个时候怎么办呢？老师要想办法让他们回到第一个阶段，要主动去问孩子想干什么？想要什么？在抗议什么？只要能让孩子准确地说出自己的意图，问题就比较好解决了。

大部分情况下，我们都不要让闹情绪的孩子进入到第三个阶段——自己生闷气的阶段。

一旦孩子进入到这个阶段，那么他们就会对托管班产生长久的抵触情绪。但是，有些内向的孩子，可能第一个阶段和第二个阶段的表现都不十分明显，直接就进入第三个阶段。这时候，我们首先要引起重视，但是不要直接问他们怎么了？你想要什么？而是要先转移他们的注意力，让他们做一些能让自己开心的事情,等到他们的情绪好转之后,再回过头来问:"刚才你是不是心情不好啊?是不是想要什么东西啊?"唯有如此,内向的孩子才愿意敞开心扉。如果你上来直接就问为什么,他们正沉浸在负面情绪中,整个人都是封闭的、拒绝交流的,效果一定不会很好。

在和闹情绪的孩子交流的时候,老师一定要学会代入,站在孩子的立场想问题。而不是上来就说"你的这些行为不可以,""你再这样我就不喜欢你了"这样的语言,这些语言只会让孩子的情绪更加负面。老师首先应该想一想孩子为什么会闹?然后对他说:"你现在生气,是不是因为这个原因?"当你说出了孩子的心里话之后,孩子就会默认你和他是"一伙儿的",然后你再说话就会很有说服力。

如果孩子闹情绪非常严重,除了言语之外,我们还可以先引导孩子做一些有助于疏导情绪的游戏,就是人们说的"冷静游戏"。比如,可以告诉孩子:"我知道你现在很生气,很难受,我知道一个可以让你不那么难受的方法,来跟我一起做,先用力的吸气,然后用力呼气,张大你的嘴巴,把身体放松、放松。"

不要小看这么一个游戏,因为它本身是一个肌肉的放松训练。稍有心理学尝试的人都知道,人在情绪紧张的时候,肌肉就会紧张。相反,当人的肌肉开始放松的时候,他的情绪也会放松下来,所以,通过这个小游戏,可以迅速地平复孩子紧张的心情。

等孩子放松下来之后,我们可以把话题回到他的"问题"上。

每一个闹情绪的孩子,其实他自己本身是非常沮丧的,因为所有人都不愿意情绪失控,每一次情绪失控都会给人带来挫败感,孩子也是如此。为了帮助孩子走出负面的情绪,我们可以和他一起商量着"解决问题"。

负面的情绪通常源自一个无法解决的问题。对于孩子来讲,由于他们能力有限,可能有很多问题是他们自己解决不了的,所以他们就会发脾气、闹情绪。大人也是如此,但是大人会很快从情绪中走出来,回到问题上。孩子则不同,他们因为问题产生情绪之后，会陷入情绪里，忽略了问题本身。这个时候，我们就要把他们的注意力从情绪拉回到问题上来，我们先和他们一起找出问题的根源，然后进入启发式的讨论，让他们觉得是自己在想办法解决问题，最后得出结论。

和孩子沟通，不要总是"指挥"他们解决问题，因为闹情绪的孩子，是不愿意被别人支配的。我们要引导他们自己去想办法解决问题，这样，他们关注的重点就从情绪转移到了问题上，负面的情绪就会消失，也不会再闹脾气了。

比如，有些孩子是因为玩具被别人抢了，所以闹情绪。这个时候，如果你对他们说："他抢了你的玩具，你可以玩别的啊，反正有这么多玩具。"这样的说法，既不公道，也不能有效地安抚孩子的情绪。我们应该这样说："既然他抢了你的玩具，咱们就去和他讲道理好不好？"孩子说："好！"然后你和孩子一起去找抢了他玩具的那个孩子，让他们两个沟通，你从中协调。最终问题也解决了，情绪也消失了。

不同年龄段学生的心理特点

孩子们处于成长的关键期，他们成长、变化的速度是非常快的。不仅身体的成长很快，心理上的成长也是一天一个样的。在托管班中，有各个年龄层次的孩子，他们的心理特点都是不一样的，所以，我们一定要学会针对不同年龄段的孩子，因材施教。

在托管班里，学生可以分为两个年龄段，第一个年龄段是5到7岁，第二个年龄段是8到10岁。这两个年龄段的学生，是大多数托管班的学生主体。所以，我们就来简单分析一下这两个年龄段学生各自的心理特点和"相处之道"。

5到7岁的儿童，有一个最大的心理特点，就是他们还处在一个以自我为中心的思维模式中，这个年龄段的孩子进入托管班之后，我们需要帮助他们发展人际交往的能力，让他们彼此间建立关系、共同合作。

另外，对于5到7岁的儿童，托管班要帮助他们树立一个界限意识，就是什么是可以做的，什么是不可以做的，一定要非常明确才行。因为这个年龄段的孩子，他们其实是"为所欲为"的，觉得自己做什么都对，如果不设定一个界限，孩子们的行为会越来越出格。同时托管班的管理者也应该明白，这个界限不仅是给孩子的，也是给自己的，什么自己该管，什么自己不该管，一定要明确。很多托管班的老师为了省事儿，把规则定得非常细，这也不能做，那也不能做，会让孩子们有一种束缚感，因而对托管班产生抵触情绪。

比如，有些孩子喜欢说话，经常吵吵闹闹的，于是有的老师就专门给他制定了一条规矩——不许大声说话。不管什么事情，只要孩子一大声说话，就立刻加以阻止。这其实就属于"越界"管理了，孩子非但不愿意服从，还会产生逆反心理。正确的做法是，你要明确地告诉他什么时候是绝对不能喊的，在这个时间以外，就可以宽容对待了。

与5到7岁的儿童交流时，我们要遵循两个最重要的原则。

第一个原则，温和而坚定。

这个年龄段的孩子其实很敏感，所以我们对他们的态度一定要温柔。如果动不动就摆出一副很严厉的态度，那么孩子就会被你的情绪所影响，陷入惶恐和迷茫中，你说的话他们更加理解不了了。对孩子，一定要态度平和、语气平缓。有些教师在与孩子打交道的时候，经常会被孩子"气的够呛"，难以控制自己的情绪，这其实是一种非常业余的表现。作为托管班的管理者和教师都应该明白，任何情况下，都不应该带着情绪工作，这是所有行业的一致准则。

在托管班，我们一定要情绪稳定、态度温和。但还有一点需要我们牢记：虽然我们的态度很温柔，可是我们的原则却不能打折，在管理学生的时候，一定要非常坚定地执行我们的规矩。

比如，某个孩子因为中午没有他爱吃的东西，就哭哭闹闹。这个时候，我们首先不能生气，更不能严厉地训斥他、拒绝他，或者干脆不理他。但是也不能马上放弃自己的原则，说："别哭了别哭了，让阿姨给你做！"我们要做的就是心平气和地告诉他，我们必须要按照食谱来准备食物。如果食谱上没有你想吃的东西，那么今天就肯定是吃不到了，但是今后我们可以把这种食物加到食谱里。总而言之，要让孩子懂得按照食谱准备食物是不能改变的规矩。

这就是，温柔且坚定。

第二个原则，关注孩子的真实需求。

5到7岁的儿童，有时候他们情绪不好，你问他为什么？他有时是无法给出具体答案的，或即使给出了答案，也不是真正的答案。因为他们也不知道自己的负面情绪是从哪来的？到底是因为哪件事不高兴，他们只知道自己不高兴了，所以眼下的任何事情都会成为他们发泄的理由。

比如，老师送他们去学校的时候，他们哭着闹着不愿意去。从表面上看，他们是因为不愿意上学，所以哭闹。实际上呢，很可能是因为在学校里有个孩子欺负他，或者他没有完成作业怕被老师批评，如果你不能理解孩子的真实需求，那么就很难说服他们、管理他们。

怎样才能理解孩子的真实需求呢？首先，我们要敏锐地察觉到孩子情绪的变化，在他们的负面情绪刚刚出现的时候，就要及时和他们沟通，因为那个时候，他们还没有被情绪完全控制，还能比较理性地交流，比较容易弄清楚他们真正的想法。

等孩子的情绪上来了，他就开始"找茬"，就会把一些负面的情绪发泄到眼前的事物上，比如他们被老师批评了，心情不好，如果你没有及时发现的话，他们的情绪就会一直累积，于是等到午睡的时候闹着不睡觉。这时候你再问他为什么不睡觉？孩子肯定不会说"因为被老师骂了所以不睡觉"，他们的负面情绪早就被转移到了眼前的事物上，他们会说"因为不想睡所以不想睡"，这时候你就无法获悉他们的真实需求，所以也很难有效地安抚他们。

中医常说"不治已病治未病"。我们托管班的老师也应该这样，不要等到孩子情绪彻底失控，已经影响正常秩序了，再出面干预。而是要提前洞察孩子的心理变化，提前介入。看起来这样做是增加了工作量，但实际上是降低了各种管理难题出现的频率，减轻了工作负担。

接下来，我们看一看8到10岁儿童的心理特点和应对策略。这个阶段是儿童心理发展比较迅速的时期，与5到7岁儿童相比，心理上的差异还是比较大的。

8到10岁的孩子，他们的思维能力有了一定的判断，形成了自己的处事方式、性格甚至是价值观。他们虽然还比较幼稚，但是却最愿意装"小大人"，所以和他们沟通，要拿出与大人沟通的姿态来，他们才愿意与你交流。

8到10岁的孩子处在一个比较叛逆的时期，这个时候如果你用强制手段让他们做他们不愿意做的事情，很可能会遭到激烈的反抗，所以对于这个时期的孩子，我们要基于足够的尊重，并且以一种平等的态度和他们交流。

处在叛逆期的8到10岁的孩子，与他们相处时有几个方法。

首先，这个年龄段的孩子是比较蔑视权威的，小孩子对老师非常敬畏，但是这个年龄段的孩子，他们不仅不会特别害怕老师，有时候反而会故意挑战老师的权威。所以，托管班的老师与这个年龄段的孩子交往时，一定要拿出一种亦师亦友的态度来，决不能以强权去压制他们。

其次，我们不能总认为自己是对的，孩子是错的。在某些时候，我们要承认他们是对的，只有相互妥协、相互承认，才能与他们相处好。

最后，不要尝试去干预孩子们之间的交往，这个年龄段的孩子，已经有了交朋友的意识，而且把友情看得很重。如果老师盲目干预他们的交往，就会引起他们的不满。比如两个孩子关系很好，就愿意坐在一起，一同出入，老师非要把他们"分而治之"，非但没有什么好的效果，反而会产生反作用。

总之，对于不同年龄段的孩子，我们要理解他们每一阶段的想法，并且采用不同的方式与他们相处。如果我们不能根据他们的心理特点"因材施教"，那么我们是没有办法教育好孩子的。

托管班要避免的五件事

孩子的成长过程中，有五件事会给孩子造成严重的心理阴影。如果这些事情发生在托管班，那么孩子就会对托管班充满厌恶感。所以，作为托管班的管理者，不管是从引导学生健康成长的角度出发，还是从为顾客提供更好的服务出发，都应该对这五件事情引起特别注意。

第一件事是"丢"。

很多托管班都有中午接送孩子的业务，对于这个业务，一定要小心再小心，因为如果一旦出现了"丢"孩子的现象，那么后果是非常严重的。当然，我们这里所谓的丢孩子，并不是指真的把孩子丢掉了，而是指托管班出现"漏接""晚接"等现象。

有些托管班出现过这样的状况：中午接孩子的时候，负责接孩子的人本来应该接回21人，但是其中有一个孩子是新入班的，接孩子的人不太熟悉，所以他只接回了20人。回到托管班之后，他立刻发现了这一情况，然后再返回学校接孩子。

这件事情看起来没什么，但是对于孩子来讲，被漏接则意味着他认为自己"丢"了，问题是非常严重的。他可能会因此对托管班产生严重的不信任感，因而拒绝来托管班生活。我们要知道，孩子最害怕的事情就是恐惧和无助，有些孩子遇到这种情况会脑袋空白，失去了行动力，如果孩子有过这样的经历，可以说是经历了最危险的心理雷区了。所以，我们一定要避免类似情况的发生。

第二件事是要有性别意识。

很多托管班的孩子年龄比较小，不懂事，但是他们又要在中午这段时间生活在一起，这个时候老师要有意识地将男生女生分开，适当地培养孩子的性别区分意识。比如，在某个托管班里，一个小男孩在午睡的时候试图脱小女孩的衣服。虽然小孩子觉得自己是在玩闹，但是这种情况发生之后，容易产生比较严重的后果，也容易给孩子带来一些不好的心理阴影。所以，在托管班里，男女有别这件事情，一定要从孩子们刚刚入班的时候就要反复强调，让孩子建立性别意识。

第三件事是正视生理缺陷。

有些孩子天生有一些生理缺陷，很容易遭到其他小朋友的"嘲笑"。比如，有的孩子生下来脸上就有胎记，其他小朋友看见了，都不愿意理他，有的甚至给他起名"怪物"。如此情况，很容易对孩子的自尊心造成伤害。被嘲笑的孩子，很可能会对托管班产生抵触心理。

类似的情况还有，一个孩子午睡的时候，不小心尿床了，于是其他孩子给他起名叫"地图画家"。这虽然不是生理上的缺陷，但同样遭到了其他小伙伴的嘲笑，孩子也是难以接受的。在托管班，我们要制止孩子之间的"语言暴力"，要引导孩子们宽容友善地对待身边的人。

第四件事是关"小黑屋"。

大部分托管班的老师都知道，用把孩子关进小黑屋的方式来惩罚孩子，这样做是有违职业道德的。但是在某些情况下，老师对保护孩子的心理这件事没有引起足够的重视，一不小心就造成了"关小黑屋"的结果。比如，一个老师本想把某个孩子单独叫到办公室里教导一番，但是在此过程中，外面发生了一些其他事情，他出去解决，留孩子一个人在办公室。这就无意中形成了关"小黑屋"的效果。孩子被单独留在屋里之后，心理会受到严重的打击，因而会对托管班产生抵触心理，所以一定要避免这种现象的发生。

第五件事是工作人员在托管班吵架。

人和人相处，有时候难免发生不愉快的事情。托管班里的员工之间有时候也会产生一些矛盾。如果托管班的员工之间有了矛盾，就当着孩子的面大声吵架，那么对于孩子会造成非常不好的影响。因为这会让孩子觉得，托管班这个环境是不安全的，是充满危险的，因而对托管班产生排斥心理。

托管班的任何工作人员，绝对不能在托管班里当着孩子的面吵架。

其实，这一点适用于任何孩子在的地方，很多幼儿园每个班里都有两名老师，我们发现，如果这两名老师关系和睦，那么这个班里的孩子也比较和睦。如果两个老师不和睦，甚至经常吵架的班级，班级里的孩子也比较暴躁，很难被管理。

幼儿园如此，托管班也是如此，大家共处一室，一定要营造一个温馨和谐的工作氛围，既是为孩子们好，也是为自己好。

玩耍是必不可少的

有些托管班为了避免意外的发生，禁止孩子们在托管班里做游戏。这看起来是个好办法，但其实很不妥。因为孩子的天性就是玩，那些能让他们玩耍的地方，对于他们来讲就是美好所在；一个禁止他们玩耍的地方，孩子们自然是喜欢不起来的。孩子们不喜欢托管班，托管班招生就会出现问题，经营管理的难度都会增加。

对于年龄比较小的孩子来说，玩耍是他们尝试人际交往、建立世界观的一个途径。心理学家指出，孩子们在玩耍的时候，大脑是极度活跃，也是极度兴奋的；他们的思维能力和想象力空前活跃，能够在玩中学会如何通过协作来实现自己或他人的目标。不仅如此，玩耍还会对孩子们的性格造成影响，适度地玩耍，会让孩子们产生"亲社会性"。简单来说就是，他们更愿意与他人相处，更愿意接受比较陌生的环境。

我们可以回想一下，在托管班招生的时候，是那些看起来很爱玩的孩子更愿意来呢？还是那些很少与其他同伴玩的孩子愿意来？不用说，肯定是前者。玩耍能够让孩子们学会协作，让他们产生亲社会性，这两点对于孩子是有益的，对于托管班的招生和管理也是有益的，我们又有什么理由禁止孩子玩耍呢？

既然不能禁止孩子们玩耍，我们就要在他们玩耍过程中担负起责任。为了维护托管班的教学秩序，我们可以通过一些方式，来"引领"孩子们的游戏。

第一，示范表演。

既然我们不能阻止孩子们玩游戏，就要通过示范表演的方式，去带领孩子们做一些有益的、安全性高的游戏，比如组织孩子们根据童话故事等文学作品进行表演。老师可以带领孩子们去扮演他们喜欢的童话角色，通过这种方式，可以激发孩子的表演欲望，让孩子们更加开朗、团结。为了让孩子们大胆展示自己，必要的时候老师可以进行示范表演。

第二，认真观察。

孩子们游戏的过程中，老师要观察不同孩子的兴趣爱好和性格特点，通过观察和总结，对孩子们产生更多的了解，更好地对他们进行个性化的管理。

第三，运用新奇科技材料。

托管班中可以采取一些比较新奇的科技化手段组织孩子们的游戏，比如VR技术等。这些装备的价格其实不是很贵，但是游戏的效果非常好，能让孩子们在游戏中学习。而且，对于家长来讲，他们也愿意看到托管班有类似的举措，因为他们会因此觉得托管班是"新型的""前卫的"，与传统的托管班有很大不同。

第四，即时记录。

孩子们做游戏的时候，我们要进行记录，通过照片、录像等方式，将孩子的影像记录下来。这样做的好处在于：首先，有助于托管班的推广和宣传，正所谓"有图有真相"；其次，能够有效提升家长对托管班的信任。

游戏是孩子成长过程中不可或缺的活动，托管班也要成为这一过程的引领者、守卫者。只有如此，才能促进儿童心理健康发育，让孩子们对托管班更加热爱，让家长对托管班充满信任，将我们的工作和服务做得更好，以获得长期的良性发展。